Anke Cibach · Sagen
Hamburg und Niederelbe

Die schönsten Sagen

Region Hamburg und Niederelbe

ausgewählt und erzählt
von Anke Cibach

Scherenschnitte
Veronica Felgentreu

Prolibris Verlag

1. Auflage 2002
© Prolibris Verlag Rolf Wagner, Kassel
Tel.: 0561/602 70 71, Fax 0561/6 66 45
www.prolibris-verlag.de

Alle Bilder: Veronica Felgentreu
Druck: Thiele & Schwarz, Kassel
ISBN: 3-935263-11-2

Inhalt

Sagenhafte Orte

von Hamburg nach Cuxhaven.
Die Zahlen unter den Ortsnamen verweisen auf die Seiten
der Sagen in diesem Buch

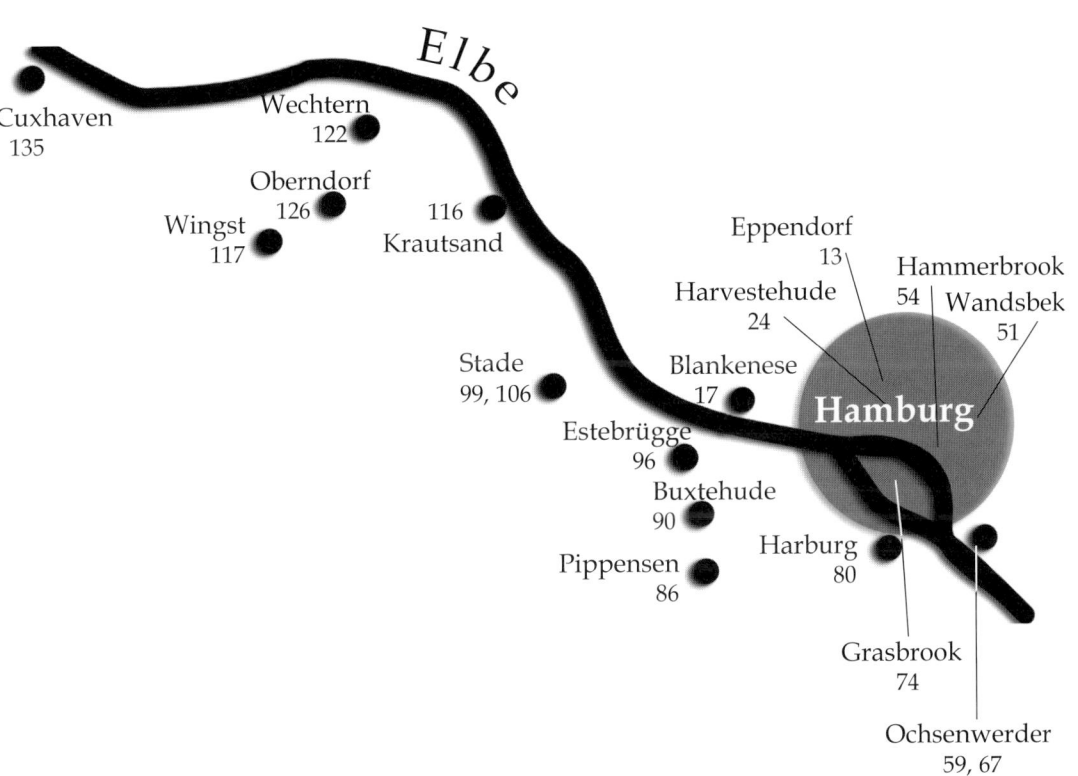

Elbe

Cuxhaven
135

Wechtern
122

Oberndorf
126

Wingst
117

116
Krautsand

Eppendorf
13

Hammerbrook
54

Wandsbek
51

Harvestehude
24

Stade
99, 106

Blankenese
17

Hamburg

Estebrügge
96

Buxtehude
90

Harburg
80

Pippensen
86

Grasbrook
74

Ochsenwerder
59, 67

Vorwort

Der besondere Reiz der Sage liegt in ihrem wahren Kern, der ihr zu Grunde liegt oder liegen soll. Sie erzählt von Erlebnissen, die sich so – oder doch so ähnlich – ereignet haben könnten, und von den Spuren, die sie hinterlassen haben und zum Teil noch heute besichtigt und erkundet werden können. Im Gegensatz zum Märchen, das fast nie Ort und Zeit benennt, also im fiktiven Irgendwo spielt, gibt die Sage ihren Handlungsort an, nennt Gemarkungen und Gebäude und berichtet von realen (bekannten wie unbekannten) Persönlichkeiten der regionalen Geschichte. Dadurch stellt sich beim Leser, der die Region kennt, eine ganz andere Betroffenheit ein. Liest man von unheimlichen Geschehnissen, die im eigenen Lebensumfeld passiert sein sollen, erhöht das den Nervenkitzel. Der Lesegenuss und die Spannung steigen, wenn es dem Erzähler gelingt, den dokumentarischen Kern der Sage zu beleben.

Alle für diesen Band ausgewählten Sagen stammen aus Hamburg und dem Niederelbe-Gebiet. Das bietet dem Leser dieser überschaubaren Region den Vorteil, die einzelne Sage sofort räumlich situieren zu können. Die Orte und Plätze, die hier erwähnt werden, sind weitgehend bekannt, das macht den Reiz dieser Sagen aus und fordert immer wieder zu gedanklichem Vergleich vom Beschriebenen aus alter Zeit mit dem heute noch Sichtbaren heraus.

Das vorliegende Buch will keine dokumentarische Sagensammlung sein und erhebt auch keinen Anspruch auf Vollständigkeit. Im Gegenteil wurde hier bewusst ausgewählt. Immer unter der Prämisse, den Sagen wieder ihren Unterhaltungswert zurückzugeben. Denn Sagen erzählte man sich in Spinnstuben, Wirtshäusern und im Kreis der Großfamilie, weil sie außergewöhnliche, meist unerklärliche Vorkommnisse ent-

hielten. Dabei wechselten von Erzähler zu Erzähler jeweils die Zutaten, wurde mehr oder weniger ausgeschmückt, nur der Kern der Sage – die unerhörte Begebenheit – blieb konstant und wurde weiter tradiert.

Eingang in die Sagenliteratur fand aber meist nur die auf ihren extrem abgeschliffenen Kern reduzierte Sage, die damit leider zum puren Sammelobjekt und volkskundlichen Dokumentationsmaterial geriet. Und so haben Generationen von Lesern Sagensammlungen enttäuscht zugeklappt, weil sich kein Lesegenuss einstellte – die einzelne Sage endete oft schon nach wenigen Zeilen, bevor sich Spannung, Atmosphäre, Unterhaltung einstellen konnte.

Die Autorin Anke Cibach will den alten Sagen hier wieder ihre ursprüngliche Kraft zurückgeben. Sie beschränkt sich nicht auf die Auswahl, trägt nicht nur zusammen, sondern versetzt sich in die Tradition des Sagen-Erzählens, schmückt die Geschichten um den essentiellen, unangetasteten Kern herum weiter aus, wirft hier einen erklärenden Einschub ein, macht dort Zusammenhänge sichtbar. Die Psychologin und Krimiautorin hat aus den Urtexten spannende Kurzgeschichten gemacht und kommt damit der alten Erzähltradtion aus der Blütezeit der Sagen sicher sehr nahe.

Anke Cibach wendet sich mit diesem Buch an alle, die sich auf die Sagen einlassen wollen, weil sie in dieser Literaturform ein Stück regionaler Eigenart suchen, ebenso wie an die Leser, die hier einen Kontrast sehen zu unserer technisierten, aufgeklärten und bis in die letzten Winkel ausgeleuchteten Welt oder die sich einfach nur unterhalten lassen wollen. Auf angenehm beiläufige Weise erfährt der Leser einiges über seine Region, über alte Zeiten, Bräuche, Ängste und Rituale. Und alles passierte vor der Tür des Lesers! Er kann sich ohne Aufwand auf Spurensuche begeben und sich z. B. durch die Atmosphäre der Hamburger Speicherstadt verzaubern lassen,

in den Stader Altstadtgassen Peter Menken begegnen oder an der «Alten Liebe» in Cuxhaven in stürmischer Nacht ein Gefühl dafür bekommen, was in früheren Zeiten der Kampf der Seeleute gegen das Meer bedeutete. Wenn der Leser der Sagen-Route entlang der Elbe folgt, wird er die Region vielleicht unter einem ganz neuen Aspekt erleben. Um das Buch auch zu einem praktischen Begleitbuch zu machen, wurden die Sagen topografisch geordnet.

Illustriert wurde das Buch durch die junge Scherenschnitt-künstlerin Veronica Felgentreu, die alle Scherenschnitte eigens zu den entsprechenden Sagen angefertigt hat. Ihre Bilder sind nicht reine künstlerische Phantasiegebilde, sondern spiegeln oft den Ortsbezug der Sage durch Ortsdarstellungen wider. Dabei entspricht der Scherenschnitt als Medium in idealer Weise der Sage. Genau wie sie teilt er die Welt in Schwarz und Weiß, reduziert die Darstellung auf wesentliche Linien und verrät nicht alles, lässt vieles im Dunkeln. Genau wie die Sage zum geistigen Ausmalen der Szene reizt, fordert der Scherenschnitt den Betrachter heraus, Details hinzuzudenken. Die Phantasie des Lesers wird durch diese Illustration nicht eingeschränkt, sondern beflügelt.

Rolf Wagner
Prolibris Verlag

11

Die wundersame Kohlwurzel zu Eppendorf

In alten Zeiten, als das Hamburger Dorf Eppendorf noch zum Kloster von Harvestehude gehörte, nannten zwei Schwestern um 1480 einen bäuerlichen Garten ihr Eigen, dessen Erträge sie für ihr alltägliches Leben bedurften, denn ihre Eltern hatten ihnen nichts weiter vererbt, und so konnten sie auch keine Mitgift für das Kloster aufbringen.

Die Schwestern waren von zänkischer Natur, nörgelten häufig und wünschten sich gegenseitig die Pest an den Hals. Aber da sie arm waren, mussten sie sich in ihr Geschick fügen und miteinander auskommen, soweit es nötig war. Um den einen Zankapfel nicht immer hin und her zu schieben, teilten sie den großen Kohlgarten in zwei gleiche Hälften, darauf sollte eine jede nach Belieben in ihrem Teil die Arbeit auf die eigene Art verrichten können.

Die ältere Schwester zeichnete sich durch einen großen Fleiß aus, wässerte den Garten regelmäßig und stand von Sonnenaufgang an den lieben, langen Tag auf dem Feld. Ihr Gemüse gedieh prächtig und wurde von den Hamburger Händlern oder Bürgersfrauen gerne gekauft. So erwirtschaftete sie einen tüchtigen Gewinn und zählte des Abends vergnügt ihre Münzen.

Die jüngere Schwester aber ward vor Neid zerfressen, da sie selber zur Faulheit neigte und nur das Nötigste im Garten verrichtete. Unkräuter sprossen kreuz und quer zwischen ihren Kohlpflanzen, die schnell ins Kraut schossen oder nur eine kümmerliche Größe erreichten. Da beschloss sie, sich im Geheimen der Schwarzen Künste zu bedienen, um die Leistung der Schwester zu schmälern und sich selber besonders hervorzutun. Beraten von einer Hexe, die sie für viel Geld gedungen hatte, scheute sie beim nächsten Kirchgang nicht vor der Got-

teslästerung zurück, die geweihte Hostie des Abendmahls heimlich im Munde zu bewahren. Zur mitternächtlichen Stunde, als nur ein Käuzchen Zeuge war und der Mond hinter schweren Wolken versteckt, da vergrub sie die heilige Hostie unter einer Kohlpflanze, wie ihr die Hexe geraten hatte.

Es verstrich nicht viel Zeit, bis die Wirkung des teuflischen Zaubers einsetzte. Zuerst verschwand über Nacht das lästige Unkraut, dann wuchsen herrliche Pflanzen heran.

„Seht diese schönen, gesunden Kohlpflanzen, niemals sah ich auf den heimatlichen Feldern größere", staunten die Vorübergehenden und erzählten es in der Stadt weiter. Da kamen die Hamburger Höker und machten ein mehr als großzügiges Angebot für die kommende Ernte, während sie den Pflanzen der Schwester nicht länger Beachtung schenkten.

Aber unter den Nachbarn kam schon bald ein unruhiges Raunen auf, und sie stellten die Frau zur Rede.

„Wie kann es mit rechten Dingen zugehen, dass dein Garten plötzlich in diesem Zustand ist?", fragten sie misstrauisch, und da wusste sie keine Antwort zu geben.

„Allnächtlich sehe ich bei dir auf dem Feld ein Licht erscheinen, was hantierst du dort zu Zeiten, in denen rechtschaffene Menschen im Schlafe liegen sollten?"

„Nichts weiß ich darüber und sehe auch kein Licht", wehrte die Schwester schnippisch ab und schlug den Nachbarn von nun an die Tür vor der Nase zu. Die Ältere schüttelte nur betrübt den Kopf und hielt sich aus allem heraus.

Da die Nachbarn nun voller Misstrauen waren, legten sie sich abwechselnd in den Nächten auf die Lauer und bemerkten so, dass von einer bestimmten Pflanze ein wundersames Strahlen ausging, als sei sie von einem Heiligenschein umgeben.

Ängstlich berieten sie, was nun zu tun sei.

„Überlassen wir es der Instanz, die dafür zuständig ist."

„Recht so, das ist die Sache von Klosterbrüdern."

Also benachrichtigte man die kirchliche Obrigkeit in Harvestehude, aus der sich alsbald eine Prozession von Priestern und Mönchen auf den Weg zum besagten Garten machte, gefolgt von allerlei gaffenden Menschen.

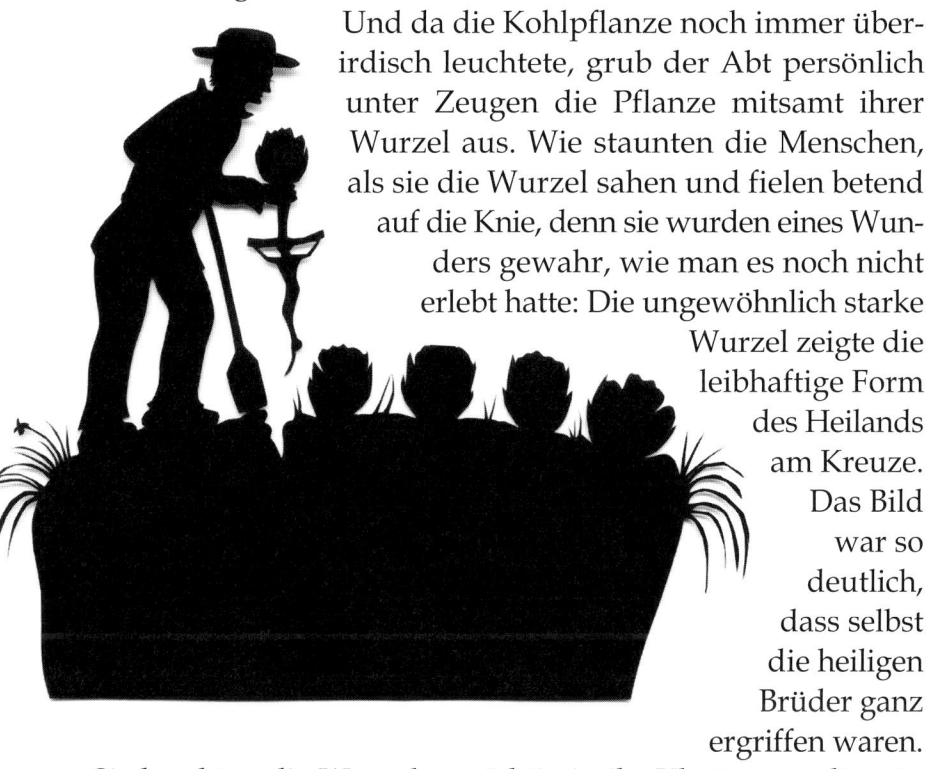

Und da die Kohlpflanze noch immer überirdisch leuchtete, grub der Abt persönlich unter Zeugen die Pflanze mitsamt ihrer Wurzel aus. Wie staunten die Menschen, als sie die Wurzel sahen und fielen betend auf die Knie, denn sie wurden eines Wunders gewahr, wie man es noch nicht erlebt hatte: Die ungewöhnlich starke Wurzel zeigte die leibhaftige Form des Heilands am Kreuze. Das Bild war so deutlich, dass selbst die heiligen Brüder ganz ergriffen waren.

Sie brachten die Wurzel vorsichtig in ihr Kloster, wo diese in eine silberne Monstranz gefasst wurde, auf dass sie für immer erhalten bliebe.

Die aus Habsucht und Neid irregeleitete Schwester, die sich der Gotteslästerei schwer schuldig gemacht hatte, war schon beim Ausgraben der Wurzel schluchzend zusammengebrochen und gestand ihre schändliche Tat, so musste sie nicht mehr hochnotpeinlich befragt werden, sondern konnte gleich dem Gericht übergeben werden, was sicher billiger war. Nach geltendem Rechte strafte man sie an Leib und Leben, wobei sel-

biges natürlich verlustig ging. Was aus der anderen Schwester wurde, ist nicht bekannt, sie wird wohl der Schande wegen die Gegend verlassen haben, zumal auch der Kohlgarten wieder in seinen alten, erbärmlichen Zustand gefallen war, und keine Pflanze dort mehr gedeihen wollte.

Das alles soll sich im Jahre 1482 begeben haben, und von da an pilgerten viele Gläubige zum Kloster, um sich die Kruzifix-Wurzel zeigen zu lassen.

Als 50 Jahre später die Reformation einsetzte, wurde das Frauenthaler Kloster zu Harvestehude zerstört und die Monstranz zu den lutherischen Schwestern ins Johannis-Kloster nach Hamburg gebracht. Auch dort stellte man sie als Wunderwerk aus, und durch die Kunde zahlreicher Besucher verbreitete sich ihre Geschichte, so dass selbst Kaiser Rudolf II. begehrlich nach diesem Besitz trachtete. Um das Reichsoberhaupt günstig für die Stadt zu stimmen, entsprach man dem Wunsche und übergab am 17. Februar die Wurzel an den kaiserlichen Gesandten, Freiherrn Ehrenfried von Minckwitz, der sie nach Prag weiterleitete. Von dort kam ein herzliches Dankesschreiben an den Hamburger Rat zurück. Später verwahrte man die Eppendorfer Wunderwurzel in der kaiserlichen Kunstkammer zu Wien, wo sie noch vor 100 Jahren von durchreisenden Hamburgern oder Eppendorfern besichtigt werden konnte.

(Da die Hamburger schon damals gerne den Wert ihrer Geschenke wissen mochten, ließen sie vor der Abgabe an den Kaiser die Monstranz der Überlieferung nach aufwiegen: 224 Lot Kupfer und 100 Lot Silber, taxierte der Münzmeister, wahrlich ein großzügiges Geschenk, befand man.)

Die Hexe vom Süllberg

Es war nach der Zeit des Dreißigjährigen Krieges, Nebel um-
hüllte die Spitze des Süllbergs in Blankenese, zog in grauen
Schwaden hinunter an den Elbstrand und ließ die Menschen
frösteln. Ein Hauch, kalt wie Gevatter Tod, lag über den Häusern am Berg, ab und an brachen Eiszapfen von den Dächern,
und das abgemagerte Vieh hatte schon lange kein frisches
Grün mehr gesehen. Sollte es denn heuer nie mehr Sommer
werden, keine in linden Lüften wogenden Kornfelder geben
oder Fischer, die mit einem fröhlichen Lied auf den rauen Lippen die vollen Netze einholten?

Wer weiß, ob sein Gretchen bei diesem Wetter kommen würde! Voller Sorge machte sich Christian auf den Weg zu ihrem
geheimen Treffpunkt, dem alten Viehunterstand auf halber
Höhe des Berges. Ein volles Jahr ging es nun schon so, bei
Sturm und Regen, Schnee und Hagel. Einmal hatte Gretchen
sich den Fuß vertreten, und er hatte sie in seinen eigenen
Armen bis zu ihrem Elternhaus getragen, verfolgt von dem
höhnischen, grauenhaften Gelächter, das mitten aus dem Berg
tönte und keiner menschlichen Kehle entstammen konnte. Ihre
Eltern hatten die einzige Tochter grußlos in Empfang genommen, ihn, den Retter, nicht über die Schwelle gebeten, denn ihr
Gretchen sollte einen Edelmann zum Gatten nehmen, wie es
ihr als Tochter eines wohlhabenden Bauern und Kaufmann
geziemte. Er, wer sei denn schon Er, ein Kuhhirte, der seiner
Frau nur eine armselige Unterkunft bieten könnte, hatte der
Bauer selbst dann noch gehöhnt, als Christian das Mädchen
einen Monat später vor einem toll gewordenen Stier gerettet
hatte, unter Einsatz seines eigenen Lebens.

„Meine Tochter soll auf dem Spukberg leben? Mit dir aber-
gläubischem Burschen, der sich umgeben von finsteren

17

Mächten glaubt? Eher gehen meine drei Schiffe in einer Windflaute unter."

Christian war besonnen geblieben, dem holden Mädchen zuliebe. „Herr, ich habe sie mit eigenen Augen gesehen, die Wetterhexe. Ein garstiges, altes Weib, hässlich wie der Leibhaftige, mit stinkenden, spitzen Zähnen im Maul und einer Nase, so lang wie Euer Unterarm, aus der gefrorener Rotz träufelte. Die Augen wie glühende Kohlen in pechschwarzen Höhlen, die Finger zu gichtigen Krallen gekrümmt ..."

An dieser Stelle gebot ihm der Bauer Einhalt. „Krischan, du bist närrisch geworden bei deinen Tieren, machst dich zum Gespött der Leute mit der Wetterhexe. Bedenke, wir haben alle Weiber des Teufels übers Jahr ins Feuer geworfen, und um ganz sicher zu sein, noch ein paar unschuldige dazu."

Aber dann waren die drei Söhne des Bauern nacheinander für immer auf See geblieben, zusammen mit ihren Handelsschiffen trotz Windflaute von einem rätselhaften Strudel in die Tiefe gezogen worden. Der Bauer wehklagte und reckte die Faust zum Berg. „Komm heraus, Hexenvettel, wir wollen dich als Fackel lodern sehen." Und wieder erscholl das unirdisch grauenhafte Hohngelächter aus dem Berg.

Wahrlich, die Zeiten standen nicht gut für Blankenese. Das Korn auf den Feldern verdorrte, die Fische gingen nicht mehr ins Netz, und das Obst fegte ein wie von Geisterhand aufkommender Sturm bereits vor der Ernte von den Bäumen.

Mal vernichteten Feuersbrünste Haus und Stall, oder ein Neugeborenes verschwand gar über Nacht aus der Wiege und wurde am nächsten Morgen kalt und steif am Fuße des Berges aufgefunden. Das alles ging dem Hirten durch den Sinn, als er jetzt seiner Liebsten entgegeneilte. Gretchen saß zusammengekauert und fröstelnd in der alten Hütte, hatte es nicht gewagt, ein Feuer zu entzünden, denn wenn die Hexe sie entdecken würde ... Sie rang die Hände. „Ach, mein Krischan, was soll nur aus uns wer-

den? Man will mich mit dem nächsten Edelmann vermählen, der Blankenese aus dieser misslichen Lage befreit. Erst gestern wieder kam einer um, als er die Hexe ausräuchern wollte, ein anderer ist auf Nimmerwiedersehen in der Bergspalte verschwunden, das böse Weib wird ihn womöglich verschlungen haben."

„Ganz sicher hat sie das getan", tröstend nahm Christian seine geheime Braut in den Arm. „Aber es hat doch auch sein Gutes – du bist noch nicht versprochen, und ich will noch diese Nacht sehen, dass ich die Hexe finde. Dann soll es nicht länger unser Schaden sein, denn ich weiß einen Weg, wie sie elendiglich zu Grunde gehen muss." Vertrauensvoll machte sich Gretchen nach einer letzten Umarmung auf den Weg zum elterlichen Hof, während Christian in der eisigen Kälte ausharrte, um den Unterschlupf der Bösen zu entdecken.

Kurz vor Mitternacht tat sich unter grollendem Donner eine Felsspalte auf, und die Hexe kam nebst ihrem Kessel hervor. „Feuer, Hagel, Sturm und Wasser", krächzte sie hämisch und ließ ihren Fingerkrallen zuckende Blitze entfahren.

„Hier bin ich, hier hex' ich. Für die Ewigkeit und eine Nacht drauf. Fahrt zur Hölle, ihr Menschen." Das Gelächter gellte ihm in die Ohren, aber Christian verharrte mit angehaltenem Atem in seinem Versteck und beobachtete sieben Nächte, eine um die andere, wie die Hexe jedes Mal das Versteck verließ, ihren Kessel aufsetzte und geheimnisvolle Verwünschungen murmelte. Dann flog sie auf die Spitze des Berges, umkreist von krächzenden Rabenvögeln, um schließlich wieder unter Triumphgeheul in der Felsspalte zu verschwinden.

Als nun die Christnacht nahte, vergewisserte sich Christian der Hilfe des Pastors von Nienstedten und errichtete am östlichen Fuß des Süllbergs einen hohen Scheiterhaufen. „Herr Pastor, ich bitte Euch, mich heute, am Heiligen Abend, nicht weiter zu begleiten. Ruft die Gemeinde zusammen und wartet betend auf mich. Mit Gottes Hülfe soll es uns gelingen, den bösen Bann zu brechen. Wenn Ihr meinen Ruf vernehmt, so entzündet unverzüglich das Feuer."

Nach wenigen Schritten drehte sich der tapfere Hirte noch einmal um und bat: „Grüßt mir mein Gretchen in Liebe, falls ich nicht wiederkehren sollte." Der Pastor versprach es mit feuchten Augen.

Mit einer brennenden Lunte in der Hand wartete Christian vor dem Felsspalt. Pünktlich beim zwölften Glockenschlag trat die Hexe mit Gestank unter Eisnebel hervor. „Welcher Wurm wagt es, sich meiner Höhle zu nähern?", kreischte sie und löschte mit einem Schnauben aus ihrer krummen Nase die Lunte aus. „Büßen sollst du es mit deinem Leben."

„So fahr ich nicht allein zur Hölle", rief Christian beherzt, packte mit beiden Händen die Hexe um die Leibesmitte, hob sie hoch empor und stand dann eine kurze Spanne da, bevor er das gottlose Wesen mit Schwung den Berg hinabrollte. „Brennen sollst du!", gab er das verabredete Zeichen, und schon schossen die Flammen aus dem Holzstoß, in den die fauchende Hexe mit einer Steinlawine rollte. Rund um den Scheiterhaufen tanzten die Menschen, übertönten mit ihrem Jubel die Schreie der verdient gemarterten Kreatur, deren Reste – nur Gottlose würden es als Seele bezeichnen – in einem letzten sprühenden Funkenregen im Schnee verlöschten.

Gretens Vater stand erschüttert vor dem niedergebrannten Scheiterhaufen und legte stumm die Hände von Christian und seiner Tochter ineinander. Die Hochzeit wurde im Sommer unter Anteilnahme des ganzen Ortes gefeiert. Ja, es gab endlich wieder einen Sommer, auf den noch viele folgen sollten, denn Blankenese war von dieser Stunde an für immer frei von bösem Zauber.

Von der Elbseite aus fällt der 87 m hohe Süllberg sofort ins Auge. Durch das malerische Treppenviertel gelangt man zu Fuß nach oben und wird mit einer herrlichen Aussicht belohnt. Manchmal noch, so sagen die Leute, hört man in der Christnacht ein Donnergrollen und Gelächter, aber der Fels hat sich nie wieder geöffnet …

Das Zeugnis der Linde

Wenn man von Rothenbaum nach Eppendorf den Weg entlang der Chaussee nimmt, fällt dem aufmerksamen Wanderer zur Linken ein kugelrunder Lindenbaum auf, dessen wahres Alter nur durch Jahresringe und Rinde angezeigt wird, denn seit nunmehr 500 Jahren sind Stamm, Äste und Krone unverändert geblieben. Der Baum soll von einer romantischen Liebe zeugen, über deren tragischen Verlauf hier wie folgt berichtet wird ...

Einst waren sich ein lieblich anzuschauendes Mädchen aus einer vornehmen Hamburger Familie und ein junger, tapferer Edelknappe von Herzen zugetan, so dass beider Familien ihrer Verlobung zustimmten. Doch vorerst zog es den ungestümen Knappen hinaus in die Welt, um sein Mütchen im Kampf der Heerscharen zu kühlen und sich güldene Sporen, Ehre und üppige Kriegsbeute zu verdienen. Erst dann wollte er die Braut auf die väterliche Burg bringen und dort ein Leben mit ihr in Wohlstand und Frieden führen. Doch als es ihn in immer fernere Länder zog, er keinem Kriegsherrn seine Dienste verweigern mochte, da verging ein Jahr ums andere, und die Eltern des Mädchens glaubten nicht mehr an die Heimkehr des Verlobten.

„Meine Tochter, wir erachten dich nun des Eheversprechens ledig", sprach der Vater in ernster Manier zu seiner Tochter. „Deshalb habe ich dir einen unbescholtenen, guten Mann ausgesucht, der einem ähnlichen Geschlechte entstammt wie du, und der bereit ist, dich zu ehelichen, obwohl du schon fast 20 Sommer erlebt hast."

Aber da weinte die Tochter bitterlich und bat die Eltern, von diesem Plan Abstand zu nehmen, denn niemals könne ihr Herz einem anderen gehören, selbst über den Tod hinaus. Und den

neuen Gemahl möge sie nicht, könne ihn weder ehren noch lieben, eher wolle sie noch eine Braut Christi werden!

„Dann ist es beschlossen, du nimmst den Schleier, und deine Mitgift erhält das Kloster", entschieden die bekümmerten Eltern, und die Tochter war es in ihrem Liebesgram zufrieden.

Es währte aber nicht lange, da kam der junge Ritter heim und vernahm entsetzt von seiner Liebsten Schicksal. Im Kloster Frauental zu Harvestehude, wo diese weilte, wollte man ihn nicht einlassen, und so bestach er heimlich einen alten Gärtner, um ihr eine Botschaft zukommen zu lassen. Darin forderte er sie zu einem Treffen des Nachts in einer abgelegenen Ecke des Klostergartens auf.

Das Mädchen kam zwar, wehrte ihn aber sanft ab, als er sie an sich ziehen wollte.

„Ich habe ein Gelübde getan und gehöre nur noch dem einzig wahren Gott", sagte sie mit ihrer schönen, sanften Stimme. Da schoss dem Ritter das Wasser in die Augen, und sein Herz schmerzte wie von Eisenreifen umspannt.

„Ich kann nicht auf dich verzichten", rief er trotzig aus.

„Es ist zu spät. Denk an die Schande, die wir über unsere Eltern bringen würden."

„Folge mir in ferne Länder! Dort kennt keiner unsere Vergangenheit, und wir können ein neues Leben beginnen. Ich bereite alles für eine Entführung vor. Heute in einer Woche, wenn der Mond nur noch als Sichel am Himmel steht, erwarte ich dich mit gesattelten Pferden an den großen Eichen."

Die junge Nonne rang die Hände, bat ihn, auf sie um Christi Willen zu verzichten, doch es gelang ihm, von ihr eine Woche Bedenkzeit zu erbetteln, in der sie ihren Entschluss noch einmal überdenken sollte.

Der Ritter glaubte standhaft an seine große Liebe und bereitete alles vor, derweil die Nonne auf ihren Knien vor dem Altar lag und Gott um Hilfe und die rechten Worte anflehte, denn sie

war festen Sinnes, der Kirche treu zu bleiben und ihrer alten Liebe zu entsagen.

Als der verabredete Tag gekommen war, schwamm der Ritter zum wiederholten Male durch die Alster, kletterte über die Klostermauer und versteckte sich bei den Eichen. Schon bald kam seine Liebste mit wehendem Schleier angelaufen und ergriff seine Hände.

„Ich habe mit mir gerungen und um Gotteshülfe gebetet, und in der vergangenen Nacht erschien mir ein Engel im Traum, der wies mir den richtigen Weg. Ich gehöre zu Gott und dem Kloster, du und ich, wir können einander erst in einem anderen Leben gehören. So sage ich dir heute endgültig Lebewohl und hoffe auf ein treues Wiedersehen im Himmel."

Dem Ritter zerriss es fast das Herz vor Schmerz, und er nahm seinen Abschied, ging außer Landes und wurde dort ein geistlicher Ordensritter, wie es sicher dem Wunsch seiner früheren Braut entsprochen hätte. Von da an ward er auf immer verschollen.

Ach, wenn er es geahnt hätte ... Gegen seine Liebste wurde eine schwere Anklage erhoben: unerlaubter Liebeshandel und

gebrochenes Gelübde. Ob es nun der Gärtner oder ein anderer Gehilfe war, irgend jemand musste das junge Paar bei ihren heimlichen Treffen im Klostergarten beobachtet haben. Das geistliche Gericht trat zusammen und hieß die abtrünnige Nonne die Wahrheit bekennen. Die Treffen mit dem früheren Verlobten konnte und wollte sie nicht leugnen, aber zu ihrem abgelegten Gelübde stand sie in Treu und Glauben.

„Nichts habe ich mir zu Schulden kommen lassen, das schwöre ich bei Gott und allem, was mir je lieb und heilig war."

Doch da der Ritter in unbekannten Gefilden weilte und kein Zeugnis für sie ablegen konnte, fehlte ihr ein sicherer Beweis für ihre Unschuld.

Das Gericht zog sich zur Beratung zurück und ließ dann vom Ältesten das Urteil verkünden.

„Abtrünnige Nonne, vernimm auf den Knien das Urteil", ein Scherge zerrte die Arme grob in den Staub.

„Wir erkennen dich aller Anschuldigungen für schuldig. Du hast das heilige Gelübde gebrochen und Liebeshandel betrieben. Sei dankbar, dass man dich nicht auch noch der Hexerei anklagt."

„Was habt Ihr also beschlossen?" Die Nonne sprach's gefasst, erkannte nur Gott als ihren wahren Richter an.

„Du bist zum Tode verurteilt, das Gericht war großmütig, du kannst zwischen Strang und Beil wählen. Nur in geweihte Erde darfst du nicht!"

Da bat die Nonne um eine letzte Gunst, bevor man sie richten würde: „Begrabt die Überreste meines Körpers auf jenem Hügel im Klosterfeld, auf dem der junge Lindenbaum wächst."

So führte man sie zur Vollstreckung des Urteils an diesen Ort, und dort – dafür konnten sich später gar viele der gaffenden Zuschauer verbürgen – verwünschte die Nonne den Lindenbaum.

„Ich verwünsche dich, dass du nimmer mehr wachsen sollst, als Zeichen meiner Unschuld, denn so wahr, wie diese Linde nie mehr wachsen wird, so gewiss sterbe ich als unschuldige Braut Christi, rein an Leib und Seele."

Die Stiefel des Teufels

Hans Radegast war ein rechtschaffener Schustergesell, fleißig und umgänglich, obwohl er zum Stamme der Wenden gehörte, die als boshaft und grausam galten. Im 15. Jahrhundert hatte man mithin einen großen Hass gegen die Wenden, da man ihnen nicht nur in Hamburg das Rauben, Plündern und Brandschatzen nachsagte. Brave Christen konnten es niemals sein, und wenn einer kein artig Gesicht hatte, wie eben Hans Radegast, dann mochte er wohl von einer wendischen Hexe abstammen.

Das alles wusste der Schuster, aber er zog trotzdem aus dem Pommernland in Richtung Lübeck und dann nach Hamburg, wo er gleich in einer Herberge Arbeit fand, denn viele Schuster waren vom Morgensprachs-Herrn gerade auf Wanderschaft geschickt worden, das kam dem Hans zugute. So fragte man ihn nicht nach Wanderbuch oder Geburtsbrief, und dem Herbergsmeister war's recht, der drückte ob des Gesellen Fleiß ein Auge zu, war er doch selber nur Meister und Bürger geworden, weil er die Tatsache verschwiegen, dass seiner Großmutter zweiter Mann ein Wende gewesen.

Doch Hans Radegast spürte wohl die Feme und den Hass gegen alles Wendische und fühlte sich wie ein Betrüger und Lügner, was ihm des Nachts schlechte Träume machte. Als ihn sein Gewissen zu sehr plagte, suchte er einen Pfaffen zur Beichte auf, um sein Gewissen zu erleichtern.

„Ist es Sünde oder Blutschuld, Priester? Ich bitte Euch um strenge Geheimhaltung, will's aber freimütig bekennen, dass ich von Wendischer Nation, obwohl ich keine Missetat begangen."

Da bekreuzigte sich der Pfaffe schleunigst und schüttelte sich vor Ekel und Grausen, aber weil er ein gottesfürchtiger, gerechter Mann war, dachte er sorgfältig nach, um eine rechte Antwort zu finden.

„Schön ist es wahrlich nicht, das Wendentum, aber als Verbrechen kann man es Euch nicht anlasten. Ich kann Euch nicht von dem absolvieren, was Ihr seid, also seht zu, wie Ihr Euch ehrlich durch die Welt schlagt, lebt fromm und tragt still das Schicksal Euer Herkunft."

Hans Radegast war es zufrieden, und so hätte es immer weitergehen können wie bisher, wenn er nicht sein Auge auf eine feine, städtische Jungfer geworfen. Diese war trotz ihrer schönen Larve dünkelhaft und hochnäsig und wollte keinen Altflicker oder Schuhknecht zum Manne nehmen.

„Lass dich von der Zunft zum Meister erklären. Wie kann ich sonst wissen, ob du nicht gar ein Wende bist?"

Der Schuster hatte das Geld für die Heirat schon gespart, und weil er seit langer Zeit gutes Handwerk in Hamburg verrichtet und sich einen redlichen Namen gemacht, wandte er sich nun an den Morgensprachs-Herrn mit seinen Älterleuten. Doch diese sagten ihm auf den Kopf zu, dass er ein Wende sei.

„Zeigt uns Euren Geburtsbrief, sonst könnt Ihr nimmer das Bürgerrecht erhalten."

„Bin ich nicht der beste Schuster der Stadt? Ich bitte Euch, meine Herren, so glaubt mir doch, ich gehöre nicht zu den Wenden." So leugnete der Schuster hartnäckig um seines zukünftigen Glückes willen.

„Schaut in die Amtsrolle und lest die Artikel, das Recht ist nicht auf Eurer Seite", beharrten die Älterleute und verwehrten ihm die Aufnahme in die Zunft.

Da ward Hans Radegast sehr zornig, beharrte auf seinem Wunsch und bot ihnen schließlich an, ein Meisterstück anzufertigen, dass seinesgleichen noch nicht in Hamburg gesehen hätte.

Die Zunftleute mochten seine aufdringliche Art nicht und gedachten, wie sie seiner verspotten könnten.

„Nun gut, wir wollen Euch erproben. Macht uns über Nacht ein Paar lederne Reitstiefel ohne eine einzige Naht. Liefert Ihr

uns diesen Beweis Eures Könnens bis zum Sonnenaufgang, soll all Euren Wünschen entsprochen werden."

Der Schuster stimmte der Herausforderung flugs zu, und der Handel galt. Aber als Hans Radegast um Mitternacht in seiner Kammer saß, verzweifelte er schier, denn dieses Werks war er allein nicht mächtig.

„So soll mir doch der Satan persönlich helfen", rief da der Schuster in seinem Groll, und ganz nach Teufels Art sauste selbiger bei diesem Anruf sofort zum Fenster hinein, landete auf seinen Pferdefüßen und schlug bei Gestank von Fäulnis und Brand dem Manne einen Pakt vor:

„Verschreibt mir Eure unsterbliche Seele, dann stehe ich Euch gerne zur Seite. Aber fortan dürft Ihr den Namen Gottes nicht mehr nennen, sonst hole ich Euch auf der Stelle." Ein wendisch Blut fürchtet weder Tod noch Teufel, so willigte der Schuster in den Pakt ein und sah staunend, wie der Teufel aus feinem, braunen Leder mit Pfriemen und Pechdraht ein paar nahtlose Stiefel fertigte, noch bevor der erste Hahnenschrei ertönte.

Am Morgen kamen die Älterleute und verwunderten sich sehr über die Stiefel, an denen auch nicht die kleinste Naht zu sehen war. Wohl oder übel mussten sie daher zu ihrem Wort stehen und Hans Radegast als Meister anerkennen. Vor dem Rat sollte er nur noch den Bürgereid sprechen. Der Schuster sah sich am Ziel seiner Träume angekommen, sprach den geforderten Eid und schloss ihn mit den üblichen Worten „Also my Gott helpe".

Kaum war der verbotene Name gefallen, da kam ein Sturm auf, brauste mit Blitz und Donner über die Köpfe hinweg, und als er sich verzogen, lag der Schuster niedergestreckt und stand nicht mehr auf.

„Seht, er hat das Gesicht im Nacken!"

„Seine Zunge hängt schwarz aus dem Schlund!"

Durch diese Zeichen wusste man ohne Zweifel, dass der

Hans Radegast vom Teufel geholt worden war ... Die Stiefel, das Meisterwerk des Teufels, trug man in die Hamburger Domkirche, wo sie von einem fähigen Exorzisten mit Weihwasser besprengt und dann an einem Pfeiler aufgehängt wurden. Dem wendisch Volk sollten sie zur Abschreckung dienen, alle anderen vor falsch Zeugnis und Hochmut warnen. Denn der einzig wahre Gott lässt nicht zu, dass man die von ihm geschenkte Seele verpfändet und dem Höllendrachen in den Rachen schmeißt.

„Hamburg ist eine ehrbare Stadt mit frommen Bürgern, die auf ihre Zünfte hält", sagten die Ratsleute und fühlten sich wieder einmal im Recht.

Noch bis zum Anfang des 19. Jahrhunderts sollen die Stiefel im Dom gehangen haben, viele Kirchgänger haben es mündlich bestätigt und weitererzählt. Erst, als der Dom zerstört wurde, kamen des Teufels Stiefel ins Artillerie-Zeughaus im Bauhof. Nur ein Zeuge will kritisch angemerkt haben, dass er sehr wohl Nähte an den Stiefeln sähe, aber der war ein Ungläubiger, da er nicht an des Teufels Werke glaubte.

Katzenverwandlung

Im 13. Jahrhundert wurde die Trostbrücke in der Hamburger Altstadt erstmalig erwähnt. Gelegen zwischen Alster und Elbe am Nicolaifleet, stand dort im 17. Jahrhundert neben der Brücke das alte Rathaus, in dem die gewählten Ratsbrüder über Wohl oder Weh so manches Menschen nach bestem Wissen und – hoffentlich – Gewissen entschieden.

Am 1. Mai anno domini 1663 wurde dort eine Frau der Hexerei angeklagt und nach Zeugenaussagen für schuldig befunden und hingerichtet. Dies ist ihre Geschichte ...

Gesa Ursel gehörte zu den vom Schicksal Begünstigten, denn sie verfügte über Grundbesitz und ein eigenes Haus, in dem sie Tagelöhner zur Miete wohnen ließ. Das war für beide Seiten eine rechtschaffene Angelegenheit, und es hätte noch lange so weiter gehen können, wenn nicht in diesem Jahr der Norden von einer Missernte heimgesucht worden wäre.

„So bitte ich Euch, seid barmherzig und stundet mir und meiner Frau die Miete, bis ich wieder Arbeit habe", bat einer ihrer Mieter, Peter mit Namen. „Uns wird ein neues Kindchen geschenkt werden, und meine anderen Kinder stehen schlechter im Futter als die fette, schwarze Katze, die in Eurem Haus durch alle Räume streicht."

„Lasst Ihr die Katze Katze sein und besorgt Euch irgendwie das Geld, sonst muss ich Euch samt der Familie in drei Tagen auf die Straße setzen", erwiderte Gesa gleichgültig, denn sie hatte kein Herz, das sich von echter Not rühren ließ.

Verzweifelt lief da Peter stundenlang durch Straßen und Gassen, denn wie sollte er das seiner armen Frau beibringen, die den lieben langen Tag schuftete und dabei kein Klagewort über die Lippen brachte? Noch ganz in diese Grübeleien versunken, hörte er das Klappern von Hufen auf dem

34

Pflaster näher kommen. „Haltet die Pferde auf", tönte eine angstverzerrte Stimme, und schon preschte eine Kutsche führerlos heran.

„Gebt Acht, mein Junge", rief Peter einem Jüngling zu, der just in diesem Moment aus einer Seitengasse trat. Hätte Peter nicht mutig nach den hängenden Zügeln der Rösser gegriffen und ein energisches „Brr" gerufen, so wäre es dem jungen Mann wohl übel unter den Pferdehufen ergangen.

„Ich danke Euch für Euer beherztes Eingreifen", sagte dieser, nachdem er sich von dem Schreck erholt und aus seinen Kleidern den Staub geschüttelt hatte. Man tauschte Höflichkeiten aus und sprach von den schweren Zeiten, die im Norden herrschten.

„Wisset, ich bin der Sohn eines Fleischers, und mein Vater wird sich glücklich schätzen, Euch von nun an für die Zeit der Not einmal in der Woche ein nahrhaftes Stück Fleisch zukommen zu lassen. So kommt stets am Sonnabend und tragt das Fleisch heim zu Euren Töpfen, das und viel mehr ist mir meine Rettung wert."

Peter wusste sein Glück nicht zu fassen, aber es hatte alles seine Richtigkeit, und von nun an schmorte zum Wochenende stets eine ordentliche Mahlzeit auf dem Herd, und die fette, schwarze Katze strich gierig um die Töpfe, bis Peters Frau sie mit dem Besen verscheuchte.

„Mach dich davon, du garstiges Tier, fängst keine Mäuse und lungerst nur rum. Geh zu deiner harten Herrin, die soll ihre Mahlzeit mit dir teilen."

Da fauchte die Katze und zeigte ihre Krallen, bevor sie sich trollte. Doch was nützte einmal in der Woche ein voller Bauch, wenn das Dach über dem Kopf gefährdet war? Peter machte sich erneut auf den Weg zur Wirtin.

„Ich bitte Euch noch einmal und kenne keinen falschen Stolz. Die Zeiten werden besser werden, und ich bin nie ein saumseliger Zahler gewesen. Sobald ich wieder in Lohn und Brot stehe, sollt Ihr Eure Miete doppelt haben, das verspreche ich beim Leben meiner unschuldigen Kinder."

„Was maßt Ihr Euch an?", keifte da Gesa. „Habt Ihr nicht letzten Sonntag ein fettes Stück vom Schwein auf dem Tisch gehabt, von dem Ihr auch noch den nächsten Tag essen konntet? Und was ist mit den Würsten, die es in der Woche zuvor zum Kohl gab? Wenn Ihr von Eurem Gelde wie die Fürstenleute essen könnt, dann sollt Ihr mich wohl bezahlen können!"

Da ward es Peter plötzlich klar, wer die schwarze Katze gewesen, denn dies war die einzige Zeugin, die an den Mahlzeiten teilgehabt hatte. Eine Spionin in Katzengestalt, davon flüsterte man hinter vorgehaltener Hand und raunte es des Nachts der Gattin ins Ohr.

„Eine Hexe ist sie, die Gesa Ursula, denn wer sonst möchte seine Gestalt des Nachts so verwandeln? Das geht nicht mit rechten Dingen zu!"

Also sprach Peter zu seiner Frau und schmiedete alsbald einen Plan zur Entlarvung der Hexe. Als diese in Katzengestalt an einem der nächsten Tage wieder in der Küche ihrer Mieter erschien, da packte Peter beherzt die Pfanne mit siedendem Öl und goss sie dem Tier mit Schwung über den Schädel.

Oh, was schrie da die falsche Kreatur erbärmlich, zog den borstigen Schwanz ein und machte sich jämmerlich heulend davon. Nun aber wollten Peter und seine Frau der Sache von Grund auf nachgehen, denn falsch Zeugnis reden war in dieser Zeit ein gar zu großes Risiko, auch wenn man ein unbescholtener Mann war, und zumal die Wirtin bisher immer als ehrbar galt.

„Ich bitt Euch, lieber Fleischer, streckt mir eine Summe Geldes vor, damit ich meine gierige Vermieterin löhnen kann."

Nur zu gerne tat so der dankbare Fleischer, und Peter machte sich flugs auf den Weg, seine Mietschulden zu begleichen. Doch als er die Wohnung von Gesa betrat, gebot ihm das Kammermädchen Einhalt: „Meine Herrin ist krank und kann Euch nicht empfangen. Was ist Euer Begehr?"

„Das will ich wohl deiner Herrin selber erzählen."

Mit diesen Worten schob Peter die Widerstrebende aus dem Weg und drang in die Schlafkammer von Gesa ein. Diese lag mit verbundenem Kopfe auf ihrem Lager und fragte verdrießlich, was denn so dringend anstünde.

„So habt ihr Euch verraten, alte Vettel, verwandelt Euch nach Belieben in eine schwarze Katze, wie es nur Frauen vermögen, die mit teuflischen Mächten verkehren. Der Beweis ist gegeben, ich goss siedendes Öl über Euch, und nun brennt und eitert Euer Haupt an den Stellen, da ich Euch getroffen. Brennen sollt Ihr, Hexe!"

Und das tat sie, die Verrufene. Als der Bürgermeister von dem unerhörten Ereignis vernommen, rief er in aller Eile den Rat zusammen, der die Hexe einstimmig zum Tode verurteilte. Lichterloh schlugen die Flammen zum nächtlichen Himmel, und Peter nahm seine Frau fester in den Arm, als eine fauchende Kreatur den Flammen entsprang und mit einem grässlichen Schrei zu ihren Füßen für immer verendete.

Die Hand aus dem Grabe

Es war um 1500 in Hamburg, man traf sich – wie es Usus war – auf dem Markt und steckte einmal mehr die Köpfe zusammen:

„Was haben seine armen Eltern ein Kreuz zu tragen!"

„Einen Schlimmeren gab es nie."

„Den Wagen hat er in den Fluss rollen lassen und den Pferden die Schwänze abgeschnitten, gelacht hat er laut und trotzig, als der Vater ihn dafür züchtigte."

„Ein Taugenichts ist er und wird es wohl bleiben, aber die gottesfürchtigen Eltern können nichts dafür, was man ihnen da in die Wiege gelegt."

So redeten die Nachbarn von Geseke und Dietrich Voß und schüttelten ratlos die Köpfe. Womit hatten die beiden bloß diesen schlimmen Buben verdient? Ihre anderen Kinder waren doch wohl geraten, gehorsam und fleißig, dass keine Klagen kamen. Aber dieser Junge war so völlig aus der Art geschlagen, ein bösartiger Taugenichts, den viele schon am Galgen hängen sahen, denn so hoch wollte er hinaus und hatte sich früh auf den Weg gemacht.

„Habt Ihr ihn auch ausreichend geprügelt?", fragte der Vater ratlos den Schulmeister.

„Gewiss doch, er bekommt die Rute täglich zu spüren, ich drosch schon drei Stück in dieser Woche auf seinem Rücken entzwei. Er ist eine Schande für meine Schule, kein Kind will neben ihm sitzen, und aus der sicheren Ferne singen sie sogar ein Spottlied auf Euren Sohn."

Ja, davon hatten die Geschwister berichtet.

> Hans Voß heet he,
> Schelmstück weet he,
> De he nich weet, de will he lehren,
> Huss und Hof will he vertehren.

Auch die Kirche hatte keinen anderen Rat, als dem schlimmen Jungen die Liebe zum Guten einzubläuen, auf dass doch noch ein rechtschaffener Mensch aus ihm würde. So drosch man weiter auf ihn ein, als er einer armen Witwe die Röcke lüpfte und deren Katze mit Lust die Augen ausstach, als er sein Wasser in der Kornkammer abschlug und Feuer auf dem Friedhof legte. Niemals zeigte sein hartes Herz Reue, und über die Schläge, die seine guten Eltern mehr schmerzten als ihn selber, lachte er nur roh und verstockt.

Eines Tages ging er sogar so weit, der Mutter höhnisch die Zuchtrute zu entwenden und ihr damit einen harten Streich zu versetzen. Ja, gegen die eigene Mutter richtete sich seine Hand, diese unvorstellbare Sünde ließ der Bube nicht aus!

Doch Gottes Wege haben immer ihren Sinn, und später sagte man, der Herrgott habe den geplagten Eltern wohl Schmach und Schande ersparen wollen, nachdem sie mit dem Sohn durch ein Fegefeuer bereits auf Erden gegangen. Jedenfalls schickte Gott eine schlimme Krankheit, durch die der Junge alsbald verstarb. Die guten Eltern weinten trotzdem bitterlich und ließen den Argen auf dem Doms-Friedhof vergraben und ihm eine ordentliche Messe lesen.

Schon am Abend danach bemerkte der Totengräber verwundert, dass mit dem Grabe des Jungen etwas in Unordnung war. Da, wo er am Vortag die Erde geglättet, gab es nun eine kleine Ausbuchtung, aus der etwas wie ein Finger ragte.

Erschrocken warf der Totengräber neue Erde auf und schlug für alle Fälle ein Kreuz. Doch am nächsten Tag wuchsen bereits vier Finger aus dem Grab, und da half kein Klopfen und Glätten mit der Schaufel, bis zum dritten Abend war eine ganze Hand aus dem Grab des verstorbenen Knaben gewachsen. Heimlich benachrichtigte der Mann die Eltern.

„Es ist die Rechte Eures Sohnes, die keine Ruhe findet, was gedenkt Ihr zu tun?"

„Wir wollen das Grab um zwei Ellen tiefer legen und Gras darüber decken", beschloss der Vater. So geschah es bei Nacht, damit endlich Ruhe im Grab einkehre, aber schon nach drei Tagen war die Hand wieder da. Die Rechte, die sich sündig gegen die Mutter erhoben.

„Vielleicht nimmt Gott unsere inbrünstigen Gebete an, ich will auch Seelenbäder und weitere Messen für ihn lesen lassen", sagte die Mutter unter heißen Tränen. Aber nichts half, und jederman sah es mit Grausen, wie sich die Hand immer wieder lang aus dem Grabe reckte.

Nun lebte damals ein weiser, besonders frommer Canonicus am Dom, der nach längerem Sinnen Rat wusste. „Man muss das Schwert des Domvogts weihen, mit ihm die verruchte Hand abschlagen und sie in den heiligen Dom bringen."

Da jammerte die Mutter sehr, schmerzte sie dieser Gedanke doch über den Tod des missratenen Knaben hinaus, als sollte diesem ein Leid zugefügt werden. „So nehmt doch Vernunft an", rieten die Nachbarn, „soll es denn ewig so weiter gehen, dass keine Ruhe mehr auf dem Friedof herrscht?"

Das sahen die Eltern dann ein, und man tat, wie der Canonicus geheißen: Die unselige Hand ward mit dem geweihten Schwerte abgeschlagen und vom Canonicus daselbst auf ein hohes Mauergesims im Dom gesetzt, dem Eingangsportal direkt gegenüber, wo ein jeder sie bei der Messe sehen konnte. „Das ist recht getan, so hat er seine gerechte Strafe noch nach dem Tode empfangen."

„Im Leben hat er nicht gesühnt, also musste es später geschehen."

„Auge um Auge, Zahn um Zahn, das ist von Gott uns aufgetragen. Womit du gesündigt, daran sollst du gestraft werden." So redete das Volk wohlgefällig, und auch die Eltern neigten sich in Demut vor dem, was verrichtet worden war. Von dieser Stunde an blieb es am Grabe ruhig, die Rasendecke hob sich nicht mehr, und keines Toten Hand reckte sich wieder zurück ins Leben.

Die abgeschlagene Hand ließ man an ihrem Platze im Dom, bis sie gänzlich verdorrt und steinhart war. Wenn zur Adventszeit der Christmarkt im Dom abgehalten wurde, und die Kreuzgänge voll waren mit Marktbuden, die auch die Kinder anlockten, dann zeigte des Domküsters Knecht die verdorrte Hand den anwesenden Kindern, auf dass sie staunen und sich grausen sollten.

„Gedenket der Elternliebe, und übt euch zeitig in Gehorsam und Pflichterfüllung", mahnte er mit ernster Stimme und teilte zur Unterstützung des Gesagten auch gerne rechts und links mit der verdorrten Hand Schläge aus, bis die Kinder heulend und schreiend Reißaus nahmen.

Domherr Dr. Mayer, seines Zeichens der letzte Canonicus des Domstiftes, der im Jahre 1844 das Zeitliche segnete, soll die Hand noch mit eigenen Augen gesehen haben. Wo sie dann verblieben, ist nicht bekannt. Aber es gibt durchaus Leute, die der Meinung sind, dass es den Kindern von heute nicht schaden würde, wenigstens einmal im Jahr mit dieser Hand eine kleine Lektion erteilt zu bekommen ...

Die unselige Witwe

In der Hamburger Speicherstadt, ganz in der Nähe des Hafens, nördlich vom Grasbrook, auf dem der Störtebeker geköpft wurde, stehen auch heute noch malerische Handelshäuser, in denen alle möglichen Waren umgeschlagen werden. Ob Teppiche, Kaffee, Tee oder Gewürze, die Weltstadt Hamburg ist stolz auf dieses Viertel, das auch ein magischer Anziehungspunkt für Touristen ist. Mit der kleinen Straße „Teerhof" im Nordosten ist eine Sage aus der Zeit vor dem großen Stadtbrand (1842) verbunden ...

„Das ist sie, die stolze Witwe", flüsterte man auf dem Friedhof hinter vorgehaltener Hand.

„Reich ist sie geworden über Nacht. Ob's wohl mit rechten Dingen zugeht, dass ihr Gatte so plötzlich verblichen?"

„Klatsch von Weibern, so mäßigt euch endlich! Noch ist Barbaras Gatte nicht kalt, und ihr zerreißt euch die Mäuler", empörte sich einer der anwesenden Kaufleute.

„Sie wird bald wieder freien müssen, denn wer sollte sonst die Geschäfte für sie führen?", wollte ein anderer wissen und warf begehrliche Blicke auf die Witwe, die sich kühl und unnahbar gab, als sei sie nicht nur ein Weib ohne jeden Geschäftssinn, das dringend der männlichen Unterstützung bedurfte.

„So habt ihr's nicht gehört?", flüsterte eine alte Vettel hämisch, die nur gekommen war, um sich bei der Totenfeier den Wanst voll zu schlagen. „Die Barbara wird das Geschäft alleine weiterführen, hat die Hilfe der Schwäger und Kaufmannsbrüder abgelehnt."

„Wie soll das gehen? Eine Frau im Handel mit Teer, Pech und Schwefel, umgeben von Seeleuten und Halsabschneidern?"

„Ein schöner Hals, fürwahr", seufzte der Kaufmann, der sich ernsthaft überlegt hatte, der Witwe noch einmal in den heiligen Ehestand zu verhelfen, um sie dann mit einem Stall von Kindern auf den Speicher zu verbannen, während er von unten aus im Haus die Geschäfte übernahm.

„Seht, jetzt redet der Herr Pastor ihr ins Gewissen." Die Klatschsüchtigen bahnten sich einen Weg bis zur Witwe, begierig auf Sensationen.

„... so wollt Ihr es ohne Hilfe versuchen", konnte man vom Pastor vernehmen. „Aber auch Ihr seid in Gottes schützender Hand, und mit dessen Hilfe sollt Ihr Euren rechten Weg finden."

„Das werde ich gewiss, Herr Pastor", lautete die Antwort der selbstbewussten Kaufmannswitwe.

„Aber versäumt nicht Eure Christenpflicht und gedenket der Armen, die vom Schicksal nicht so begünstigt sind wie Ihr."

„Ich habe nichts zu verschenken", meinte da Barbara kalt und hielt ihre Börse fest verschlossen.

Der Gatte war kaum unter der Erde, da nahm sie sich schon die Geschäftsbücher vor, besichtigte das Warenlager im Speicher und prüfte die Vorräte an Teer. Als man sie um mildtätige Gaben anging, ließ sie von ihren Leuten die Bettler von der Schwelle scheuchen und schimpfte sie Schmarotzer und faules Bettelpack. Ihre größte Freude aber war das Geldzählen. Tag wie Nacht trachtete sie danach, wie sie ihr Gold vermehren könne, sann nach dunklen Wegen, einen hohen Preis für mindere Ware zu nehmen und schwatzte in Verhandlungen dem Teufel ein Ohr ab, so hieß es.

Schon bald verzichtete sie auf den Kirchgang, da er für sie nur Unkosten verursachte, pflegte der Pastor doch mahnende Blicke zu senden, wenn es um die fällige Kollekte ging. Eines Tages – es war ein Sonntag – war sie gerade wieder mit dem Zählen ihres Geldes beschäftigt, als ein fremder, gut gekleideter Mann an ihre Tür klopfte und artig seine Aufwartung machte.

„Ich komme im Auftrag der Herren der englischen Flotte. Man sagt, Ihr könntet schnell liefern, und ich benötige unverzüglich 500 Tonnen Teer von bester Qualität."

Da freute sich die Barbara über den unverhofften Auftrag, zögerte aber zum Schein noch ein wenig. „Mein werter Herr, eine schnelle Lieferung hat einen hohen Preis, das werdet Ihr wohl verstehen, und eine Anzahlung müsst Ihr mir ebenfalls leisten."

Da zückte der Fremde mit einem merkwürdigen Gesichtsausdruck seine Börse und zahlte der Witwe den ganzen Betrag in Gold im Voraus. „Vertrauen gegen Vertrauen, Wort gegen Wort", murmelte er, aber Barbara sann bereits, wie sie noch mehr Geld aus dem englischen Herrn pressen könnte. Schon bald hatte sie eine gemeine Lösung gefunden. „Mehr Geld wird er mir nicht geben, also spare ich an der Ware", dachte sie bei sich und suchte besonders minderwertigen Teer aus, der mit allerlei Unrat versetzt war und besonders leicht brennen konnte.

„Was kümmert es mich, ob der Teer die englischen Schiffe zusammenhält." Sie ließ die Ware auf das Transportschiff bringen und schloss sich dann in ihrer Schlafkammer ein, um sich in Gedanken noch einmal das gelungene Geschäft vor Augen zu halten und neue Betrügereien zu ersinnen, denn sie hatte inzwischen jedes Maß verloren und ihrer Kaufmannsehre aus Gier abgeschworen.

Da klopfte es in tiefer Nacht plötzlich dumpf dreimal an ihre Kammertür.

„Wer ist es, der Einlass begehrt?", wollte Barbara verschlafen wissen, aber vor der Tür stand kein lebendig Wesen. Dies wiederholte sich noch zweimal, bis die Witwe der Umstände leid war und im Bette blieb. Doch kaum war sie in einen leichten Schlaf gefallen, schreckte sie schon wieder hoch und sah mit Entsetzen, dass der englische Händler mit einer Rute vor ihrem Lager stand.

„Ihr habt nicht nur mich betrogen! Der schlechte Teer kann wertvolles Menschenleben kosten, das habt Ihr gewusst, aber ob Eurer Gier nicht berücksichtigt. So nehmt jetzt die gerechte Strafe dafür!"

Und schon drosch er auf die Witwe ein, dass sie bald um Erbarmen flehte, aber dafür war es nun zu spät. Unter den mit starker Hand geführten Hieben platzte zuerst ihr Fleisch auf, dann barsten die Knochen. Aber noch bevor ihr die Sinne gänzlich schwanden, vernahm sie den bösen Fluch des Fremden: „Verflucht seist du! Verflucht, auf ewig im Teerhof umzugehen, bis du in Flammen vergehst."

Am nächsten Morgen fand die Dienstmagd den entstellten Leichnam ihrer Herrin, blutig und verrenkt, als sei er der Streckbank oder dem Rad entnommen.

Richtig betrauert hat man sie nicht, die Barbara, und da nicht alles mit rechten Dingen zugegangen schien, setzte man sie nicht auf dem Friedhof, sondern auf einer der kleinen Elbinseln bei. Doch ihren Geist konnte das nicht bannen. Jahr um Jahr spukte der Geist der unseligen Witwe im Teerhof umher.

„Brenne, Teerhof, brenne zu,
dein Brand erst bringt mir Armen Ruh."

Erst als der große Brand von 1842 ihr altes Viertel in Flammen aufgehen ließ, wurde die Spukgestalt nicht mehr gesehen ...

Die Grütze des Gehängten

„Ihr seid ein rechtes Leckermaul", schimpfte der Snittker (Tischler) Hans Meinecke mit seinem Gesellen August Heinrich Weinrich, der des Meisters Grütze aus Buchweizen oder Hafer nicht zu schätzen wusste. Ja, 'Grützköpfe' nannte der Sachse gar alle in Wandsbek, die sich um 1650 tagein tagaus von diesem nahrhaften Gericht trefflich zu nähren wussten. Sei's drum, der Weinrich zog schon bald wieder seiner Wege, führte ein lustiges Soldatenleben und kam mit dem Frieden von der rechten Bahn ab, so dass sich seine Frau bei einem reichen Kaufmann am Kehrwieder als Amme verdingen musste.

„Lass du mich nur heimlich des Nachts bei dem reichen Pfeffersack ein, dann holen wir uns alles, was wir für ein künftiges, sorgenfreies Leben brauchen", erklärte Weinrich der Gattin, die von ähnlichem Schlag war wie er, und so tat, wie ihr Mann vorgeschlagen. Heimlich packten sie in finsterer Nacht die Beute zusammen: Gold und Silberzeug, Geld und erlesenen Schmuck. Aber die Nachtwache fing die bösen Diebe bereits auf der Höhe der Brooksbrücke ab und ließ sie in Haft setzen. Da man bei der Verhandlung noch auf weitere Schandtaten der beiden stieß, entschied das Obergericht, die Frau zu köpfen und den Mann am Galgen aufzuhängen, denn das schien nur recht und billig bei den Vergehen von diebischen Dienstboten.

So geschah es, und das Urteil wurde am 11. November anno domini 1661 zum Ergötzen mancher Schaulustiger öffentlich vollstreckt.

Auch der Meister Meinecke nahm seinen Weg längs des Galgens, und als er so seinen alten Gesellen baumeln sah, da konnte er es sich nicht verkneifen, diesen noch einmal spöttisch anzusprechen. „Das also ist aus dir geworden, du armseliger Teufel! Hättest damals besser nicht große Töne spucken, son-

dern dich brav mit unserer Grütze begnügen sollen. Hochmut kommt vor dem Fall ..."

Doch bei diesen Worten stockte der Meister, denn hatte der Baumelnde nicht gerade noch einmal die Augen geöffnet, oder war's nur eine Sinnestäuschung gewesen? Egal, dem Meinecke gefielen die anfeuernden Rufe der Gaffer, und so fuhr er fort: „Eine feine Grütze hat die Frau gerade heute auf dem Herd. Kommt doch zum Nachtmahl, werter Gesell, da wollen wir uns die Speise teilen, seid mir als Gast zur Nacht willkommen." Da plötzlich ging ein Schrei durch die vormals hämischen Zuschauer, denn der Gehängte hob und senkte sein hässliches, geschundenes Haupt deutlich dreimal nacheinander, was nur ein „Ja" auf die frevelhafte Einladung bedeuten konnte. In Panik eilte der Meister nach Hause und verrichtete dort seine Gebete mit einer Inbrunst, wie seine Familie es noch nicht bei ihm erlebt hatte.

„Komm mit, Frau, wir wollen uns heute früher ins Bett legen und alle Türen und Fenster besonders gut verschließen."

Aber keiner fand Schlaf in dieser Nacht, denn pünktlich um Mitternacht schlurften Schritte um das Haus, klirrten Ketten und klang ein hohles Stöhnen, dass dem Meister die spärlichen Haare zu Berge standen, und Frau und Kinder sich im Schrank und unter dem Bette versteckten.

„Ihr habt mich geladen, da bin ich. Nun öffnet mir die Tür und lasst mich ein", tönte es mit grauenhaft verzerrter Stimme, die keinem christlichen Menschen gehören konnte. Noch nicht einmal einem Heiden, dachte der Meister entsetzt. „Grütze, wo bleibt meine Grütze?" Dabei klopfte es heftig dreimal an die Fensterlade.

„Gebt ihm endlich, was sein Begehr", kreischte die Meisterin in Todesangst, und da wusste Meinecke, dass man für alles im Leben zahlen musste, auch für das Verspotten von armen Sündern, denn das war Gott nicht wohlgefällig.

Mit zitternden Händen öffnete er das Fenster um einen schmalen Spalt und reichte eine Schale mit Grütze heraus, während der Gehängte trotz blauer Zunge und verdrehten Augäpfeln ein teuflisches, schiefes Grinsen aufgesetzt hatte.

Am nächsten Tag lag die Schüssel leer und zerbrochen auf dem Sims. Von diesem Zeitpunkt an war der Meister nicht mehr derselbe, fürchtete er doch eine baldige Rückkehr des Gehängten, auch wenn dieser längst von Raben zerhackt und von Würmern gefressen war. Dem Meister war ein langes Siechtum beschieden, schon bald redete er nur noch wirres Zeug, und es hieß, er sei nicht mehr richtig im Kopf und sähe des Nachts hungrige Gespenster.

Die Wiedergängerin von Hammerbrook

Im 12. Jahrhundert, zur Zeit Herzog Heinrichs des Löwen, lebte in der Gegend des heutigen Hammerbrook eine Frau mit Namen Ursula, die nicht länger Witwe sein wollte. Da sie aber zum Prassen neigte, mit dem eigenen bescheidenen Stand nicht zufrieden war und sich außerdem durch besondere Herrschsucht auszeichnete, wie die Männer es wenig schätzten, hatte sie bisher alle Bewerber um ihre Hand in die Flucht geschlagen.

Doch eines Abends verirrte sich einer von Heinrichs Mannen in dem moorigen Gebiet, wollte die Nacht nicht bei Spukgestalten und Irrlichtern verbringen und klopfte so überraschend an Ursulas Tür.

„Gewährt Ihr einem verirrten Fremdling Einlass und ein Nachtquartier?", fragte er artig und war überrascht, dass sich der Hausherr nicht blicken ließ.

„Bin nur eine Wittib und freue mich über jeden Besuch", sagte Ursula mit falscher Bescheidenheit und verbarg geschickt ihren triumphierenden Blick.

„Ihr Bedauernswerter, seid Ihr so fern von Weib und Kind?", wollte sie später scheinheilig wissen, als sie Kaspar – das war der Name des Kriegers – auf feinstem Linnen ein köstliches Mahl kredenzt hatte und allerlei Aufhebens um ihn machte.

„Ich habe mich noch nicht versprochen", gab er zu und schaute sich wohlgefällig um. Eine prächtige Wohnstube, aber er hatte noch nicht viele andere gesehen, das Besteck aus Silber und sein Teller mit feinen Mustern verziert, die Witwe musste einen schönen Batzen Geld zur Verfügung haben.

Am anderen Morgen schaute sich Kaspar gründlicher um. Haus und Stallung waren in Ordnung, ein tiefer Brunnen gegraben, hier ließe es sich wohl zwischen den Kriegszeiten gut leben. Gewiss, die Witwe war nicht mehr besonders frisch

und hatte ein hässliches Gesicht, aber lag es sich des Nachts nicht auf einem Weib wie auf einem anderen? Er selber war von armem Stand, da hatte das Schicksal ihn gerade recht zu einer reichen Witwe geführt, man würde sich schon vertragen. Also machte er Ursula einen Heiratsantrag, den diese ohne Zögern annahm und alsbald begann, die Hochzeit auszurichten, ehe Kaspar es sich anders überlegen konnte.

Ihre letzten Ersparnisse steckte sie in die Vorbereitungen, die Nachbarn und auch Kaspar sollten staunen! Ja, so eitel und geltungssüchtig war die Ursula, dass sie sich sogar am Tag der Trauung von einer Freundin, die bei einem reichen Burgherrn in Diensten stand, sechs silberne Kerzenleuchter auslieh. Die Freundin zögerte. „Meine Herrschaft ist sehr streng. Wenn die Leuchter länger als einen Tag ausbleiben, wird es mir übel ergehen."

„So willst du meinem Glück im Wege stehen? Du, der ich immer in Freundschaft zugetan?", klagte die Braut.

Die Magd dachte bei sich, dass Ursula ihr noch nie einen Freundschaftsdienst erwiesen hätte, ließ sich aber überreden.

„Doch morgen muss ich die Leuchter wiederhaben, bevor meine Herrin nach ihnen verlangt."

„Das verspreche ich dir bei meiner eigenen Seele", frohlockte Ursula und zog mit den Leuchtern von dannen.

Die Hochzeit ward mit allem Prunk gefeiert, und Kaspar schüttete im Laufe der Feier so viele Becher in sich hinein, dass ihm seine Braut später auf dem Lager jung und schön dünkte. Doch schon am anderen Tag erwies sie sich als nörglerisch und zänkisch, aber, so dachte er gleichgültig, schon bald würde er mit Heinrich weiterziehen, was zählte da ein Weib?

Um die Mittagszeit eilte die Magd von der Burg herbei.

„Schnell, Ursula, meine Herrschaft hat sich angesagt und empfängt heute Abend Gäste. Die Herrin will die sechs Leuchter auf der großen Tafel sehen." Aber die geldgierige Ursula

hatte noch in der Hochzeitsnacht einen schlimmen Vorsatz gefasst, da sie jetzt über keine Ersparnisse mehr verfügte ... „So nimm hier die fünf Silberleuchter zurück und sei noch einmal bedankt für den kleinen Dienst."

„Aber – es waren sechs Leuchter, die ich dir gegeben", mahnte die Magd erschrocken.

„Du Törichte, dein Gedächtnis spielt dir einen Streich", behauptete Ursula kalt und schlug die Tür hinter ihr zu. Dann schmolz sie heimlich das Silber des einbehaltenen Leuchters ein und versteckte den Silberklumpen hinter einem Balken. Ihrem Gatten berichtete sie mit falscher Entrüstung von dem Geschehnis. Schon einige Stunden darauf kam die Magd zurück und bat die falsche Freundin händeringend um den sechsten Leuchter.

„Sie wollen mich vom Büttel ob der Wahrheit befragen lassen, und der wird mir als vermeintlicher Diebin zuerst die Hand abhacken."

„Da hättest du besser auf den Besitz deiner Herrschaft achten sollen. Zieh nicht mich Unschuldige mit hinein!", sagte Ursula mit böser, kalter Stimme und wies der armen Magd erneut die Tür.

Da diese für sich keine andere Lösung sah, sprang sie in ihrer Verzweiflung in den tiefen Brunnen vor Ursulas Haus und ersoff dort jämmerlich. Kaspar war sehr betroffen über diese Tat, aber seine Gattin zuckte mit den Achseln. „Was kümmert mich die verlogene Magd, die mich der Lüge bezichtigte?"

Schon bald erkannte Kaspar, wie seine Gattin in Wahrheit geartet war. Sie feilschte um jeden noch so geringen Betrag, betrog die Händler und hätte wohl auch dem Teufel noch ein Ohr abgeschwatzt, wenn er bei ihr aufgetaucht wäre.

„Ihr seid ein böses Weib", schimpfte er sie und griff auch einige Male zur Rute, aber Ursula war nicht mehr zu ändern. Nur, wenn Kaspar drohte, sie zu verlassen, gab sie stets klein bei und war den nächsten Tag sanft wie ein neugeborenes Lamm.

Doch eines Tages deckte ein fürchterlicher Herbststurm das Dach ab, und als der Sturm sich gelegt und als Kaspar den Schaden beheben wollte, entdeckte er im Gebälk den geschmolzenen Silberklumpen. Dreimal gab er Ursula die Gelegenheit, die Wahrheit über dessen Herkunft zu gestehen, sprach auch über den vermissten Leuchter der Freundin, aber sein Weib blieb verstockt und stritt alles ab. Da besann sich Kaspar, wie sein Leben mit dieser Frau verlaufen würde und wollte die Lügen und Gemeinheiten nicht länger ertragen. Des Nachts schnürte er sein Bündel, nahm nur mit, was sein eigenes Gut gewesen und verließ sein Weib für immer.

Als diese feststellte, dass er nimmermehr zurückkehren würde, rang sie mit sich und war untröstlich. Wie von Sinnen trachtete sie danach, sich das Leben zu nehmen und sprang ebenfalls in den tiefen Brunnen. Ihr Leichnam wurde nie gefunden, aber schon bald sah man im Moor eine Gestalt mit einem Leuchter umgehen, die abseits der Pfade Wanderer ins Moor lockte. Was mit diesen geschah, erfuhr man nie, denn lebend ward keiner mehr gesehen.

Diese Sage ist im Hamburger Stoltenpark in Hammerbrook (zwischen Eifestraße und Heidenkampsweg) angesiedelt, ein Gebiet, das im 13. Jahrhundert überwiegend aus Sumpf und Moor bestand. Da man in Moorlandschaften damals wie heute unterschiedliche Lichterscheinungen beobachten kann, ist der Glaube an so genannte „Wiedergänger" im Volksmund nie ganz verloren gegangen ...

Wie Abelke Bleken eine Hexe wurde

Wie Abelke Bleken aufwuchs

In Ochsenwerder bei Hamburg war's, im Jahre des Herrn 1530, so ist es überliefert und steht geschrieben. Das einzige Kind reicher Bauern war von heiterem Gemüt und schon in ihren ersten Jahren gar lieblich anzuschauen. Ein rosiges Antlitz, ein gesunder, draller, kleiner Körper und leuchtende, dunkle Augen, die schelmisch blitzten, bereit für einen harmlosen Schabernack. Fleißig ging sie den Eltern zur Hand, ehrte die Alten, half den Kranken und bewies eine mildtätige Seele gegenüber jeder Kreatur, die unter Gottes weitem Himmelszelt lebte. Für ihre Eltern war sie der Augapfel, für die Nachbarn ein Sonnenschein und, als sie heranwuchs, für die jungen Burschen das Ziel aller Wünsche.

Doch lachend wehrte sie alle ernsthaften Anträge ab, ging zwar zum Tanze mit diesem oder jenem aus, zog aber keinen der Bewerber vor.

Wie es mit Abelke weiterging

Obwohl ... im Kirchspiel wurde gemunkelt, es hätte da insgeheim einen schmucken Fähnrich gegeben, mit dem Abelke hinter dem Dorfplatz gelegen und ihm bittere Tränen nachgeweint, als er mit seinen Kriegsmannen weitergezogen. Ein Stadtsöldner sei's gewesen, der ihr erst hoch und heilig die Ehe versprochen und sie dann wie jedes gewöhnliche Weib verführt hätte.

Abelke selber ließ kein Wort darüber verlauten, weigerte sich aber zu freien, als sie voll erblüht war und den Hof ihrer Eltern geerbt hatte. Statt dessen schaltete und waltete sie als verstän-

dige Bäuerin, verrichtete mit Freuden ihr Tagewerk und wies keinen Bettler von der Schwelle. Den notleidenden Soldaten gab sie sogar doppelt. Auch der Kirche ließ sie in wohlgefälliger Christenpflicht regelmäßig Almosen zukommen. Ihre Äcker waren in gutem Zustand, und das Vieh gedieh unter ihren Händen prächtig. Nicht ein Fest zu Ehren des Heiligen St. Martin, bei dem nicht die Nachbarn zu einer fetten Martinsgans eingeladen gewesen! Kein Ernteschmaus ohne Abelkes üppige Gaben!

Wie Abelke im grauen Haar stand

So verging Jahr um Jahr, auf Missernten folgten fette Jahre, Kriege zogen über das Land, brachten Fluch oder Segen über die Menschen. Oft saß Abelke jetzt sinnend in der Stube, dachte vielleicht an ihren Fähnrich von damals, der niemals zurückgekehrt war.

Noch immer bewunderte man ihre reife Schönheit, den aufrechten, stolzen Gang und ihre Tüchtigkeit, auf dem Hof so gut zu wirtschaften. Doch im Laufe der Zeit verstarben die vertrauten Nachbarn, die jungen Burschen von damals hatten längst gefreit, und deren Kinder und Kindeskinder sprangen durch das Dorf und neckten Abelke, wenn sie wie im Traume durch das Dorf wandelte, aber schon des anderen Tages war sie wieder ganz die Alte.

Es heißt aber auch, man habe sie des Nachts an einem Feldkreuz stehen sehen, wie sie bittere Tränen geweint und die Hände um ihrer Einsamkeit gerungen.

Viele aus dem Dorf waren inzwischen in die Stadt gezogen, hatten ihre Höfe verkauft, und die neuen Nachbarn wussten mit der einsamen Frau, die frühzeitig ergraut war, nichts anzufangen.

Wie um Abelke böse Gerüchte rankten

Das nahende Alter verschonte auch Abelke Bleken nicht. Ihr Rücken und die Finger krümmten sich, der Körper schrumpfte, und die ehemals weichen Gesichtszüge wurden hart und scharf.

Nur in ihren dunklen Augen glühte noch das gleiche Feuer wie in der Jugend, aber den Leuten kam es befremdlich vor, sie mit düsterem, starren Blick zu sehen.

„Habt ihr den riesenhaften Kater gesehen, ihren einzigen Begleiter?"

„Ein dreifarbiger ist's, die Art Tier, wie Gott sie nicht erschafft."

„Einen glühenden Feuerklumpen sah ich, wie er zur mitternächtlichen Stunde in ihren Schornstein fuhr, nach Schwefel hat's gerochen, ich schwör's bei der Seele meiner verstorbenen Mutter!"

So redete das Volk und wandte sich alsbald abergläubisch ab. Nun verschmähten selbst Bettler Abelkes Gaben, keiner mochte in der Kirche mehr neben ihr sitzen, und die Eltern duldeten schweigend, dass ihre Kinder johlend hinter Abelke herzogen, wenn sie sich im Ort blicken ließ.

Da beschloss diese, nur noch im Dunkeln vor die Tür zu gehen, und man sah sie so manches Mal in mondheller Nacht murmelnd auf dem Kirchhof oder an jenem Kreuz an der Landscheide, an dem sie schon früher gestanden.

Wie Abelke von Unglück verfolgt der Hexerei anheimfiel

„Sprecht schnell ein Vaterunser." Die Leute bekreuzigten sich beim Anblick der merkwürdigen Alten, das Gesinde mochte nicht länger bei ihr bleiben, und so verfiel der einst blühende Hof zusehends. Nun, da alles heruntergewirtschaftet war, kehrte bei Abelke die Armut ein. Ein Hagelschlag vernichtete die karge Ernte, und als ein Blitz eine Feuersbrunst entfachte,

eilte keiner der Nachbarn der unheimlichen Alten zu Hilfe. Da reckte Abelke Bleken drohend die Faust in den Nachthimmel und schwor bittere Rache. Von allen verlassen, nahm man ihr auch Haus und Hof, so dass sie von nun an in einer verfallenen Kate wie ein Tier hausen musste.

„Sie ist ein böses Hexenweib."

„Abelke gehört auf den Scheiterhaufen."

„Mein Vieh hat sie verwünscht, die Kuh kann nicht kalben."

Alle sprachen sie nun laut aus, was man vorher nur im Geheimen geraunt.

Da geriet die Alte in einen fast wahnsinnigen Zustand. Enttäuscht von den himmlischen Mächten und umgeben von irdischer Häme und Bosheit, weihte sie ihr restliches Leben der üblen Rachsucht.

„Es sei! Wenn ihr mich wie eine böse Hexe behandelt, dann will ich euch alles hundertfach vergelten und mich von nun an auf's Zauberwesen verlegen."

Abelke war bewusst, dass auf verbotene Hexerei der Feuertod bei lebendigem Leibe stand, wenn die Tortur mit Streckbank und mannigfachen Foltergeräten überlebt war. Aber ihre Gier nach der verbotenen Macht war stärker, und da machte sie sich auf den Weg nach dem Bösen.

Dieses eilte ihr entgegen: Eine alte Strickerin lehrte sie, magische Knoten zu schürzen, Peter Went, ein Schäfer, weihte sie in üble Kräutertränke ein, und mit einigen anderen Verstoßenen, die seit langem zauberkundig, schloss sie ein geheimes Trutzbündnis, um gegen alle vorzugehen, denen sie mit unerbittlichem Hass begegnete.

Abelke Bleken vor Gericht

„Abelke Bleken, wollt Ihr freien Willens gestehen, mit dem Teufel im Bunde zu sein, nachdem Ihr nun alle Foltergeräte der

scharfen Frage einzeln gesehen?" In der Frohnerei zu Hamburg lagen Kruzifix und Bibel zum Schwören bereit. Die Richtherren schauten in ernster Würde auf das siebenfach gefesselte Hexenweib, das vor ihnen auf den Knien lag. Höhnisch spie ihnen die Alte vor die Füße, während ein dunkles Licht in ihren übergroßen Augen glomm.

„Nichts habe ich zu gestehen!"

Da streckte man sie rechtmäßig auf der Peinbank, aber sie winselte nicht um Gnade, sondern kreischte nur und lästerte Gott, ohne eine einzige Träne zu vergießen.

„Sie muss schuldig sein", da waren sich die Ratsherren sicher, „denn ein normaler Sterblicher zeigt Gefühle und weint. Nur die dem Teufel anhängen, haben kein menschlich Fühlen."

Man setzte die hochnotpeinliche Befragung mit allen Hilfsmitteln fort, bis der Schmerz der Alten wohl so in die Knochen drang, dass sie bekennen wollte.

„Verflucht sei der Teufel, der mich in dieser Not verlassen", sprach sie und wurde von der Streckbank genommen, gestärkt und getränkt, damit sie ihre Aussage noch lebend treffen konnte.

So stand es im Aktenstück vom 7. März 1583 geschrieben, was das Hexenweib Abelke Bleken bekannt:

Vor vier Jahren habe sie König Beltzamer angerufen und die Kenntnisse der Finsternis gegen ihre Seele eingetauscht. Der Teufel habe sich vor ihren Augen in ein schwarzes Ross verwandelt, und sie sei nur mit einem Messer versehen auf seinem Rücken bis zum Sandplatz geritten, einem bekannten Hexentanzplatz, wo ihresgleichen vieler zusammenkamen. Beim Tanze mit dem Teufel waren auch Peter Went und Geseke Schwormstedt aus Tatenberg dabei. Mit jener und Anneke Went habe sie später den Ratsmann Johann Huge beschworen, auf dass sein Korn verdorre und das Vieh verrecke, was auch durch Zauberkraft geschehen sei. Den Kälbern habe sie vor Sonnenaufgang unter Anrufung des Teufels um Mitternacht gerupf-

tes Ratzenkraut gegeben, sie seien stracks verendet. Aber bei der Beseitigung der Hausfrau habe sie alles Geseke und Anneke überlassen. Schuldig bekenne sie sich auch der Tat gegen den Ochsenwerder Vogt Dirk Gladiator, der ihr einst einen Kessel abgenommen. Von seinen Haaren und den Nägeln seiner Frau habe sie mit Wolle eine Zaubernestel angefertigt und den Gürtel mit Teufelsknoten versehen. Dieser – siebenmal verflucht – wäre im Pferdestall versteckt worden, und der Frau habe sie den Bregen der unter Verwünschungen erschlagenen Hauskatze ins Warmbier gegeben, bald darauf sei diese dann gestorben.

Das Urteil gegen Abelke Bleken

Dies alles und noch mehr gestand Abelke dem Gericht. Als sie bekannte, dass der Teufel noch in der letzten Nacht bei ihr gelegen aber von ihr abgewiesen worden sei, erhob sich ein Tumult unter den anwesenden Herren, und man beendete das Geschehen, indem man ihr die Anklageschrift vorlas, die sie mit folgenden Worten beteuerte:

„Auf die Wahrheit meines Bekenntnisses will ich leben und sterben."

Das Urteil wurde alsbald einmütig gefunden und am 18. März 1583 vollstreckt. Hoch loderten die Flammen des Scheiterhaufens, als das unselige Weib vom Feuer verzehrt. Ob aus der flackernden Glut ein Schrei um Erbarmen für ihre Seele oder ein letzter, teuflischer Fluch kam – das gaffende Volk vernahm es mit Schaudern und verrichtete ein stilles Gebet.

Wie man in Ochsenwerder zu einer Glocke kam

Ochsenwerder wurde etwa in der Mitte des 12. Jahrhunderts gegründet. Das kleine Marschendorf an der Niederelbe war lange Zeit Hochwassern ausgesetzt, bis man im 13. Jahrhundert einen Deich errichtete. So geschützt zog das Dorf schon bald neue Bewohner an, und die Kirche St. Pankratius war ihr ganzer Stolz.

Die Kirche wuchs unter den Händen geschickter Baumeister und wandelte sich bis zum 17. Jahrhundert zu einer Saalkirche in Backstein mit hölzernem Muldengewölbe. Immer mehr Menschen ließen sich in dem Ort von Jahr zu Jahr nieder, und das warf damals neue Probleme auf ...

„Ihr Menschen von Ochsenwerder", sprach der Pastor eindringlich auf seine Gemeinde ein, „unser Gotteshaus muss vergrößert werden, damit alle Gläubigen ihren Platz finden, um dem Allmächtigen Lob zu preisen. Es schickt sich nicht, dass ein Teil von euch bei Wind und Wetter draußen ausharrt und so von der Predigt abgelenkt wird."

Die Alten nickten. Recht hatte er, der Herr Pastor, und sie wollten gerne ihr Scherflein dazu beitragen, allen voran der reiche Bauernvogt Peter Brockwoldt, der stets fromm tat, aber in Wahrheit sehr von den Dünkeln seines Standes behaftet war. Die Beziehung seines Sohns Johann zu der schönen, stolzen Marie, die nur die Tochter eines armen Kätners war, wurmte ihn sehr, aber wenn es darum ging, in der Öffentlichkeit auf die eigene, großherzige Gesinnung zu verweisen, ließ er sich nicht lumpen. Auch die Ärmsten der Armen spendeten ein paar Münzen, aber es wollte noch immer nicht ganz reichen, um zusätzlich einen Glockenturm zu errichten. So war man's nicht ganz zufrieden, musste sich aber nach der Decke strecken. Die Kirche blieb also vorerst ohne Glocke, bis eines Tages ein Hir-

te seine Herde zum Weiden ans Elbufer trieb und im Wasser einen merkwürdigen Gegenstand dahertreiben sah. Das Treibgut ward immer langsamer, bis es schließlich auf der Höhe von Ochsenwerder zum Stehen kam und dort halb im Schlick versank. Noch ehe der Hirte neugierig ins Wasser waten konnte, erklang ein dumpfes, tiefes Geräusch, melodisch und feierlich zugleich. „Bei Gott, es ist wahrhaftig eine Glocke", sprach der Hirte ergriffen, „und läuten tut sie ganz von alleine. Wenn das kein Zeichen ist!"

Nun hatten sich auch Johann und seine Marie zu der Zeit am Strand aufgehalten, um dort ungestört ein heimliches Schäferstündchen zu verbringen. Als diese dem aufgeregten Hirten begegneten, eilten sie erst zu der Glocke und dann zurück ins Dorf, um die frohe Nachricht dem Pastor und der Gemeinde kund zu tun. Wer Beine zum Laufen hatte, nutzte die flugs und machte sich auf an den Strand. Auch der Vogt mischte sich unter die Leute und sah mit Unmut, dass sein Sohn schon wieder bei der Kätnerin stand. Hübsch war sie zwar, die Marie, mit ihren langen, schwarzen Haaren, die sie gerne offen trug und nicht zusammenband, wie es bei einem Weibe schicklich gewesen wäre, aber Geld gehörte nun mal zu Geld bei einer Heirat, also würde er einer Hochzeit niemals zustimmen, dachte er grimmig bei sich.

„Schau, deines Vaters Blick zu mir", flüsterte Marie dem Liebsten zu und ergriff trotzig dessen Hand. Sollte der Vogt es nur wagen, ihre Liebe zu verhöhnen! Aber Johann befreite sich hastig, ging es doch zunächst um wichtigere Dinge.

„Wir wollen sie an Land bringen, das Gottesgeschenk", wandte er sich an den Pastor, der ob des Wunders vor Rührung kaum Worte fand.

Aber so sehr sich die stärksten Männer von Ochsenwerder auch mühten, die Glocke ließ sich nicht von der Stelle bewegen. Taue und Stangen, eine Zugvorrichtung und vier

vorgespannte Pferde, die Glocke tönte zwar weiter, blieb aber im Elbsand gefangen.

„Ding, dong", sang die Marie mit ihrer hellen Stimme und schien das Ganze nicht ernst zu nehmen. Da machte der Vogt seinem Groll Luft und wollte die junge Frau verhöhnen.

„Versuch es doch selber einmal, vorlautes Weib", verspottete er sie. „Wenn Liebe alles bewirken kann, dann nur zu! Beweis uns, was von deiner Liebe zu halten ist. Gelingt es dir, die Glocke ohne fremde Hilfe alleine an Land zu schaffen, stimme ich deiner Hochzeit als Erster zu und will sie auch fürstlich ausrichten."

Die umstehenden Männer lachten pflichtschuldig, denn der Vogt galt viel bei seinen Leuten, und die Marie war in ihren Augen nur ein schwaches Weib. Als Johann aufbrausend seine Marie gegen den Vater verteidigen wollte, gebot sie ihm Einhalt.

„Was weiß der Alte schon von Liebe, die nicht dem Geldsäckel gilt. Lass mich nur machen, mein Johann."

Marie ließ einen Kahn zu Wasser und ruderte mit kräftigem Schlag bis zur Glocke hin. „Ding, dong", sagte sie voller Liebe und gleichzeitig beschwörend, und die Glocke antwortete mit einem tiefen „dong, dong", als hätte sie verstanden. Da schüttelte Marie ihre wilde Haarmähne und befestigte ein einziges langes Haar an der Glocke und zog sie daran mit Leichtigkeit an den Strand. Erst standen sie still und stumm, die Leute von Ochsenwerder, aber dann brach der Jubel los und man ließ die Marie hochleben. Der Vogt kratzte sich ratlos am Kopf, aber da er vor zahlreichen Zeugen sein Versprechen gegeben, musste er nun Wort halten und die Hochzeit mit allem Pomp ausrichten. Und weil er nun einmal dabei war, sich von seinem Geld zu trennen, bezahlte er auch den neuen Turm, in dem die geheimnisvolle Glocke ihren Platz bekam.

Störtebekers Ende

Krachend fuhr die Faust des alten Seemanns in das Gesicht des Pockennarbigen. „Nenn ihn noch einmal Bruder Leichtfuß, und du sollst auch die andere zu kosten bekommen."

Mürrisch wischte sich der junge Matrose das Blut von der Nase und behielt dabei wachsam den Alten und die riesige Katze im Auge, die auf der Ofenbank lag und drohend die Krallen ausgefahren hatte. „Was hat das räudige Vieh hier in einer anständigen Hamburger Hafenkneipe zu suchen?"

„Sie bekommt ihr Gnadenbrot von mir. ER hätte es so gewollt."

Er, immer er, manch Geschichte rankte sich um den Störtebeker, aber wie sollte man wissen, was der Wahrheit entsprach?

„Stimmt es nicht, dass er als Edelmann lustig gelebt und mit seinen wilden Gesellen die Nächte hindurch gezecht und gewürfelt hat?"

„Das ist Mannesart. Aber mussten ihm die Hamburger dafür das ritterliche Gewand und die Waffen abnehmen? Als man ihn sogar der Stadt verwiesen, da hat er sich den Vitalienbrüdern angeschlossen, ich kann's ihm nicht verdenken." Der Alte nickte mit dem grauen Haupt und schenkte großzügig den Branntwein nach. Die Katze streckte sich und kam schleichend näher.

„Godeke Michels hat ihn nicht sofort aufgenommen, erst musste Klaus Proben seiner Kraft ablegen.

Lachend hat er sie zerrissen, die Eisenkette, als wär's nur ein Schneidergarn, zerbrach das Hufeisen wie Brot. Da hat Godeke ihm gleich ein eigenes Schiff gegeben, und weil Klaus in den Häfen die vollen Becher stets in einem Zuge herunterzustürzen wusste, kam er zu seinem Namen Störtebeker."

„Aber Seeräuber sind sie gewesen, die Likedeeler, auch wenn sie ihre Beute gerecht untereinander teilten", warf der Matrose

vorsichtig ein. „Haben sie nicht unter Lebensgefahr zuerst 1389 die Stockholmer mit Viktualien (Lebensmitteln) versorgt, als jene von den Dänen belagert wurden? Erst später führten sie einen Kaperkrieg gegen die Hanse, häuften Schätze an, die bis heute noch in geheimen Schlupfwinkeln ruhen."

„Es heißt, der Hauptmast seines Schiffes war mit purem Gold gefüllt", sagte der Junge andächtig.

„Und wenn schon. Prasser waren sie alle nicht. Der Störtebeker hat so manchem armen Teufel oder den Witwen und Waisen von seiner Beute abgegeben, viele haben ihn verehrt. Wo immer er auftauchte, liefen ihm neue Raubgesellen zu. Und versprachen ihm seine Gefangenen Lösegeld, ließ er sie unversehrt frei. Aber unerbittlich war er gegen sinnlose Grausamkeit."

Der Alte griff nach der Katze, die sich buckelnd wehrte. „Eines Tages erwischte er an Bord den Schiffsjungen, wie er diesen tüchtigen Rattenfänger am Schwanze packte und zu seiner Belustigung durch die Luft wirbelte. Dem hat er herrisch Einhalt geboten, und der Übeltäter machte schmerzhafte Bekanntschaft mit einer anderen Katze, die auch die „neunschwänzige" genannt wird. Dabei handelt es sich um eine fürchterliche Peitsche, die blutige Striemen auf der Haut hinterlässt, oder sie gar zum Aufplatzen bringt. Seitdem blieb das Tier (und vielleicht auch die Peitsche) stets in seiner Nähe. So einer war er, der Störtebeker."

„Schurken waren sie, keine Helden", mischte sich ein anderer Seemann ein. „Gottes Freund – aller Welt Feind, mit diesem Schlachtruf haben sie sich auf die reichen Hamburger Kauffahrer gestürzt, die gen Engelland segeln wollten." „Das ist ihm dann zum Verhängnis geworden", gab der Alte bedächtig zu. „Die Hamburger richteten im Jahre unseres Herrn 1401 eine ganze Flotte gegen die Vitalienbrüder aus, befehligt vom jungen Seehelden Simon von Utrecht, der ihnen mit der 'Bunten Kuh' vor Helgoland auflauerte. An diesem Tag war die Katze

besonders unruhig gewesen, hat man mir später berichtet. Störtebeker begrüßte gerade einen alten Kumpanen, Fischer aus Blankenese, der längsseits mit seinem Boot angelegt hatte und bat, sich im Schutze des großen Schiffes sein Essen kochen zu dürfen. Da sprang das Tier dem Mann plötzlich ins Gesicht und zerfleischte ihm die Visage.

In Wirklichkeit hatte der Mann in den Diensten Simons von Utrecht gestanden und schmolz in der Nacht heimlich Blei, mit dem er das Steuerruder der Brüder festlötete. So kam es, dass man nach einem Kampf von drei Tagen 71 Likedeeler festsetzte und gefesselt nach Hamburg brachte, unter ihnen die Anführer und Störtebeker höchstpersönlich.

Die Schiffsladungen wurden als Beute genommen, der Katze erbarmte sich wohl die Frau eines Steuermanns, aber das Tier ließ sich an Land nicht halten und verschwand."

„So hat das alles ein schlimmes Ende genommen", wollte der Matrose bestätigt haben. „Nun", fuhr der Alte fort, „die wilden, freien Jahre waren vorbei. Man machte ihnen den Prozess, obwohl Störtebeker den Hamburgern anbot, gegen die Freilassung seiner Leute die Stadt mit einer schweren goldenen Kette zu umspannen. Umsonst, man verurteilte sie zum Tode, die Hinrichtung sollte öffentlich auf dem Grasbrook (grüne Insel) durch Köpfen stattfinden. Viel gaffendes Volk hatte sich zu diesem Volksfest eingefunden, johlende Menschen, begierig auf das grausam schöne Schauspiel. Einige waren gar schon des Nachts von weit her aus dem Umland gekommen, hatten ihre Karren zu einer Wagenburg zusammengestellt und brieten zur Feier des Tages einen ganzen Ochsen am Spieß, um dessen Innereien sich die Hunde und Bettler balgten. Begehrliche Frauen mit halb entblößtem Busen boten den Gaffern in dunklen Ecken ihre Dienste an, andere säugten ihre Kinder in der ersten Reihe, damit sie ja nichts von dem nahenden Ereignis verpassen würden.

Dann war es endlich so weit. Der Festzug nahte, ihm voraus gingen die Pfeifer und Trommler, um die Wichtigkeit des Anlasses zu unterstreichen, denn man dürstete nach einem Spektakel, das alle vorherigen Vollstreckungen in den Schatten stellen sollte.

Einen Moment hielt das Volk den Atem an, als die Gefangenen in Ketten vorbeigetrieben wurden. Eine abgemagerte Katze bahnte sich als erstes ihren Weg direkt zum Störtebeker und strich kläglich miauend um seine Beine, bis die Schergen sie mit Fußtritten aus dem Weg räumten. Da brandete ein Schrei auf in der Menge, ob Jubeln oder Hassgegröle, das war nicht zu erkennen, es wird wohl eine Mischung gewesen sein. Kaufleute, denen Störtebeker ihr Hab und Gut abgenommen hatte, warfen mit Stöcken und Steinen nach ihm, ein fetter Hamburger Pfeffersack spuckte, was das Maul hergab, und die Umstehenden ergötzten sich an dem schleimigen Geifer, der den Gefangenen über die rauen, elenden Gesichter lief. Doch stolz schauten sie alle, Störtebekers Mannen.

Auch ich wollte den großen Störtebeker noch einmal sehen und stand in vorderster Reihe, so dass ich das Folgende mit eigenen Ohren gehört, mit eigenen Augen gesehen habe, ich schwöre bei Gott, es ist wahr!" Seine Zuhörer hielten den Atem an.

„Was ist damals weiter geschehen?", bedrängten sie ihn.

„Der Scharfrichter hatte seinen großen Auftritt. Den besten hatten sie ausgesucht, den Rosenfeld, denn keiner wusste den Streich mit dem Richtschwert so zu führen wie er. Man hoffte, er würde sogar mehrere auf einen Streich köpfen, war es doch Ziel eines jeden Henkers, den Zuschauern das Beste ihrer Kunst zu bieten, etwas besonders Dramatisches zu zeigen, künstlerisch und handwerklich wertvoll, auf dass das Blut in den Adern gefrieren sollte, und manch einem vor Staunen die Maulsperre bescherte. Ich hatte mich auf eine längere Wartezeit eingestellt, da es, wie ihr wisst, guter Brauch ist, den wich-

tigsten Gefangenen als Höhepunkt zuletzt zu richten, aber Störtebeker bat den Henker, ihn als Ersten zu köpfen, aufrecht stehend, dann wolle er ohne Haupt an seinen Mannen vorbeilaufen, und die sollten begnadigt werden, bis zu denen er den Weg nähme.

Der Henker lachte höhnisch und verrichtete sein Werk. Störtebekers abgetrenntes Haupt rollte in den Sand, Blut spritzte aus dem Hals und da – ein einziger Schrei entrang sich uns Zeugen – streckte sich der nur leicht zusammengesunkene Körper wieder zu seiner vollen Größe auf und begab sich schwankend auf seinen allerletzten Weg. Beim elften Piraten angekommen, warf man dem kopflosen Störtebeker einen Holzklotz zwischen die Beine, nur so konnte sein Lauf gestoppt werden. Die elf Kumpane wurden tatsächlich freigelassen, den anderen blieb der Richtblock nicht erspart."

„Ist dies das Ende deiner Geschichte?"

„Nein", der Seemann strich der Katze mit rauen Händen übers Fell. „Am Abend des selben Tages ging ich noch einmal zum Ort des düsteren Geschehens, und da sah ich die Katze des Störtebeker, wie sie jammernd das Blut aufleckte, das vom Haupte ihres Herrn stammte. So war es und nicht anders. Wenige Stunden später schritten die Schergen zur letzten Tat. Aufgespießt auf Pfählen schmückten sie mit den abgeschlagenen Köpfen unseren schönen Elbestrand. Das Volk war's zufrieden. Stumm gingen die Letzten an den Pfählen vorbei, manch einer vergoss noch heimlich eine Träne, denn niemals wieder würde es einen geben wie den Störtebeker."

Auf dem historisch belegbaren Grasbrook befand sich im Mittelalter die Richtstätte der Hansestadt Hamburg. Heute erreicht man die Elbinsel mit ihren zahlreichen Hafenterminals vom Fischmarkt aus in Richtung Süden über Kornhausbrücke und Brooktor. 1982 errichteten die Hamburger „ihrem" umstrittenen Klaus Störtebeker ein

2,20 m hohes Denkmal. Dessen Bezwinger, Simon von Utrecht, wurde bei den neuen Landungsbrücken in St. Pauli in Stein gehauen. Aus dem Gold, mit dem angeblich damals die Masten der Kaperschiffe gefüllt waren, fertigte ein Künstler eine Krone für den Turm der St. Katharinenkirche an, heißt es.

Die weiße Dame von Harburg

Die Küchenmagd heulte Rotz und Wasser. „Beim Leben aller, die es mir wert sind, ich habe sie deutlich gesehen. Mit diesen meinen eigenen Augen. Ein weißes Nachtgewand trug sie, mit viel Spitze am Halsausschnitt und den Ärmeln. Eine feine Dame, wie sie nicht vornehmer sein könnte. In der Hand trug sie einen Messingleuchter."

„Welchen Weg nahm sie?", fragte die Köchin und rutschte mit dem anderen Gesinde dichter zusammen, weil es gar so schauerlich klang, was die tumbe Magd da erlebt hatte.

„Sie kam direkt aus der Wand, schaute starr geradeaus mit ihren toten Augen und nahm den langen Gang durch das Schloss, dabei verhielt sie zögernd und wehklagend vor jeder Tür, als ob sie auf einen wartete, mit dem sie verabredet wäre. Als ich mich gelähmt vor Angst an die Wand drückte, streifte mich ein Eishauch, und mein Herz fühlte sich einen Moment an wie kalter Stein, ich schwör's euch." Die anderen Bediensteten hatten noch Zweifel, aber der Gärtner bestätigte die unheimliche Geschichte, indem er von einem weiteren Erlebnis berichtete.

„Immer, wenn drinnen die weiße Dame umgeht, höre ich bei Vollmond Hufegeklapper wie bei der wilden Jagd eines Junkers. Ferne, aufgeregte Stimmen, dann das Wiehern eines stark gezügelten Pferdes, das schnaubend vor der Schlosskapelle zum Stehen gebracht wird. Doch kein Lebewesen ist mit Menschenaugen zu sehen. Der unsichtbare Reiter steigt ab und begibt sich direkt vor das alte Steinbildnis in der Kapelle. Dort weint er bitterlich, wie es einem Manne sonst nicht ziemt."

„Du meinst das Bildnis, auf dem eine holde Jungfrau den vor ihr knienden zwei Jünglingen Lorbeerkränze darreicht? Wer mögen sie gewesen sein?" Ratlose Blicke, Achselzucken auch bei denen, die schon länger auf dem Schlosse zu Harburg in Diensten

standen. Da meldete sich die alte Kammerzofe zu Wort, die schon ein biblisches Alter erreicht hatte und dem jeweiligen Schlossherrn mit vererbt worden war. Schon lange konnte sie keine Dienste mehr verrichten, aber man ließ sie in der Küche neben dem Kachelofen ihr Lager haben, dort verschlief sie dann fast den lieben, langen Tag oder sprach wirre Satzfetzen vor sich hin. Selten nur hatte sie klare Momente, in denen eine normale Verständigung möglich war. Aber heute war einer ihrer guten Tage.

„Was das Bildnis zeigt, wollt ihr wissen? So hört die Geschichte: Die zwei Junker waren Brüder, Söhne des Herzogs von Harburg, dem auch die herzogliche Domäne Kanzlershof gehörte. Schloss und Hof waren durch einen unterirdisch gemauerten Gang verbunden. Oft herrschte des Nachts in dem Gang reges Treiben, die jungen Leute schäkerten dort ungestört während der rauschenden Bälle, die auf dem Schloss mit vielen Gästen stattfanden. Damals weilte auch eine Fürstentochter zu Gast, Isabel mag sie geheißen haben, und war so schön und lebhaft, dass alle Männer im heiratsfähigen Alter ihr zu Füßen lagen. Auch unsere Brüder, denn sie hatten beide noch nicht gefreit.

Der Ältere nahm sich als erster ein Herz und bat die Prinzessin vor dem nächsten großen Ball um ihre Hand. Sie beschlug ihn nicht abschlägig, sondern machte ihm ernsthaft Hoffnungen. Oh nein, es sei eine große Ehre, aber sie wolle noch den Abend darüber nachdenken und ihn später ihre Entscheidung wissen lassen. Dann eilte sie zum nächsten Tanz und war alsbald wieder von einer Traube von Verehrern umgeben. Dem Junker wich sie lachend aus. Indes hatte der Jüngere sich am folgenden Tag vom Gärtner ein Rosenbukett besorgt und zog die schöne Isabel bei nächster Gelegenheit in den Park, um ihr dort einen Antrag zu machen. „Wenn Ihr mir Eure Hand fürs Leben reicht, will ich Euch für immer auf Händen tragen und niemals auch nur einen Blick auf eine andere werfen", versprach er ernsthaft, denn er war vor Liebe so entbrannt, dass er

jedes seiner eigenen Worte für wahr hielt. „Nun, mein lieber Junker", scherzte die Kokette, „Ihr wisst wahrlich schön zu reden, aber Ihr seid nur der jüngere der beiden Brüder. Wie sieht es da mit dem Erbteil aus?"

„Was brauche ich noch Gut und Geld, wenn mir dein Herz die Treue hält", antwortete der Verliebte voller Glut und ließ sich auf ein Knie nieder. Da tauchte aus dem Schatten der Kapelle der Ältere auf, der voller Eifersucht das Gespräch belauscht hatte. „So entscheidet Euch zwischen Wohlstand und Romantik", forderte er eine klare Antwort.

Sinnend schaute Isabel auf ihre Verehrer und nahm dann flugs zwei schmückende Lorbeerkränze von einer steinernen Säule, mit denen sie die Brüder bekränzte.

„Vergönnt mir noch ein wenig Zeit", bat sie artig und zog sich dann mit silberhellem Lachen zurück.

In Wahrheit hatte sie sich bereits für den Jüngeren entschieden, da sie in ihm mehr Feuer vermutete als in dem gesetzten älteren Bruder. „Euch will ich Herz und Hand schenken", teilte sie ihm einige Tage später mit, und machte so den Junker zum glücklichsten Mann unter Gottes weitem Himmel.

Aber in dem anderen entbrannte Neid und Zorn, die Liebe schlug in einen gewaltigen Hass um, und so fasste er einen grausamen Plan. Er hieß seinen Bruder zur Jagd reiten, um Wildbret für die kommenden Hochzeitsfeierlichkeiten zu schießen.

„Hütet mir derweil gut meine Braut", bat dieser, voll des Glücks und ohne Arg.

„Das werde ich, sei unbesorgt", vernahm er zum Abschied.

Doch die böse Tat war längst beschlossen, für Gold gedungene Bösewichter ergriffen auf Geheiß des enttäuschten Junkers die Braut des Bruders bei Nacht. Man schleifte sie in ein abgelegenes Gemach, dessen versteckter Eingang Stein um Stein zugemauert und gut getarnt ward, während die Verzweifelte mit den bloßen Fäusten von innen gegen die Wände schlug

und um Erbarmen bat. Doch ein versteinertes Herz kennt kein Erbarmen, und so wurden Isabels Schreie leiser und leiser, bis sie schließlich gänzlich verstummten.

Als der Bräutigam nach seiner Heimkehr die Liebste nicht mehr vorfand, ließ er sie überall suchen, selbst in dem geheimen Gang und in der Schlosskapelle.

„Isabel, Geliebte", so schallte sein Ruf wochenlang klagend durch das Schloss.

„Vielleicht hat sie Eurem Glück nicht getraut und sich eines Besseren besonnen", meinte der scheinheilige Bruder und empfahl dem Jüngeren eine lange Reise zur Zerstreuung. Dieser beherzigte den Rat, um nicht länger an dieser Stätte an sein verlorenes Glück erinnert zu sein. Sein Kummer war so groß, dass er für immer dem Schloss zu Harburg fernblieb.

Der grausame Bruder aber lebte in Saus und Braus, lud wieder zu rauschenden Festen ein und übertönte die Stimme seines Gewissens. Als geheime Sühne ließ er in der Kapelle jenes Steinbild errichten. Nur nachts fand er keinen Schlaf, denn wenn der Mond am Himmel stand, suchte ihn eine Erscheinung heim, die wehklagend durch eine zugemauerte Wand zu gehen vermochte, die Hände gegen ihn ausstreckte und immer wieder den Namen seines Bruders rief. Im Laufe der Zeit sahen auch andere die verlorene Seele in durchsichtiger Menschengestalt, und man nennt sie seitdem die weiße Dame von Harburg ..."

1813 brannten die Franzosen die Schlosskapelle nieder und entdeckten ein Steinbildnis, auf dem eine Jungfrau zwei vor ihr knienden Jünglingen Lorbeerkränze reicht. Zeitlich ließ sich der Fund nicht genau datieren. Wenig später brach ein Feldmarschall von Spörcken nach Hinweisen aus der Bevölkerung im Schloss eine Wand auf, hinter der sich eine winzige Kammer verbarg. Außer einem vermoderten Tisch, auf dem ein Messingleuchter stand, fand man auf dem Boden Knochenreste, für deren Herkunft es keine Erklärung gab.

Der Pastor im Moor

Ein tiefer Seufzer entrang sich der Brust des jungen Mädchens, das auf der Schwelle zum Frausein stand. Gesche betrauerte noch immer ihren kürzlich verstorbenen Großvater, den sie so innig geliebt hatte. Fröstelnd schlug sie ihr wollenes Tuch fester um die Schultern, es war an der Zeit, der Muhme zur Hand zu gehen, die zum Jahreswechsel Gäste erwartete und ihrer jungen, kräftigen Hände bedurfte. Ein starker Wind war aufgekommen, und die Sturmrösser am Himmel warteten aufgezäumt voller Ungeduld, sich mit Blitz und Donner zu vereinen.

So muss das Wetter damals gewesen sein, dachte Gesche schaudernd, als sie auf der Strecke von Buxtehude an dem runden Erdhügel vorbeikam. Jeder hier in der Umgebung wusste, was sich vor langer Zeit an diesem Ort zugetragen hatte.

Vom Pastor Meckel sprach man auch heute noch, wie aufopfernd er sich um seine Gemeindemitglieder gekümmert hatte, nicht nur für die Ortschaften Willenhusen, Immenbeck und Eilendorf, sondern auch für Pippensen, Hembrok und Dodensen zuständig war. Hier bei Pippensen hatte die Kirche gestanden, von allen Ortschaften gleich weit entfernt. Aber der Pastor beschränkte sich nicht nur darauf, Gottes Wort in der Kirche zu verkünden, nein, er besuchte auch regelmäßig zu Fuß die Alten und Schwachen, für die der Weg zu beschwerlich geworden war.

In jener Nacht vor Silvester, als der Pastor sich von Willenhusen aus auf den Rückweg machte, hatte es ein fürchterliches Gewitter gegeben. Der Sturm heulte über die flache Landschaft, Wolkenfetzen trieben zerrissen am dräuenden Himmel, und Blitze zuckten wie Speere geschleudert hernieder. Dumpfes Donnergrollen und peitschender Regen zwangen den Pastor, unter einem knorrigen Baum Zuflucht zu suchen, aber

trotz der Sturzbäche, die vom Himmel kamen, zog es ihn zu den Seinen, um in einer Andacht das alte Jahr gemeinsam zu verabschieden. Nicht die Hand konnte man mehr vor Augen erkennen, und jeder weitere Schritt führte womöglich vom Wege ab, aber wer konnte schon ahnen, was Gott mit ihm vorhatte? Der Pastor tastete sich in tiefschwarzer Nacht vorwärts, verlor alsbald die Orientierung und richtete sich schließlich nach einem schwachen Licht, das endlich aus der Ferne auftauchte, und welches er seinem Heimatdorfe zuschrieb. Doch es war nur ein Irrlicht gewesen, und so versank Pastor Meckel im tiefen Moor, mit einem letzten, demütigen „Gottes Wille geschehe" auf den Lippen.

„Gesche, was schaust du so betrübt? Komm, wärm dich am Ofen und trink einen Punsch mit mir." Die Muhme wusste um das zarte Gemüt des Mädchens, das zu trüben Gedanken neigte und immer alles zu ernst nahm. „Bist wieder durchs Moor gegangen?", forschte sie nach.

„Ach Mühmchen, es ist eine gar so traurige Geschichte, was damals mit dem Pastor passierte." Gesche schaute sinnend ins Feuer, es war nicht nur wegen der alten Geschichte, auch der Großvater war so gerne gewandert, bei Wind und Wetter, bis ihn dann der Schlag unter freiem Himmel getroffen hatte. Ein gnädiger Tod, befanden alle, aber wiedersehen würde man ihn nimmermehr.

„Lass die Gedankengrillen, unser lieber Herrgott lenkt es doch immer so, wie es zum Wohle aller ist. Man sagt, der Pastor predigt seitdem in jeder Silvesternacht für die armen Toten, Gott sei ihrer Seelen gnädig", die Muhme schlug fromm ein Kreuz. „Sie kommen von nah und fern, selbst aus dem Dorf Willenhusen, das in jener Unwetternacht vernichtet worden ist. Keiner von uns Sterblichen traut sich in der Silvesternacht ins Meckelmoor, wozu auch, denn die Lebenden würden kein Wort der Predigt verstehen können."

Die Muhme schenkte vom Punsch nach, der ungewohnte Trank ließ ihre runzligen Wangen glühen und machte sie redselig. Sie zog die Nichte näher zu sich heran und fuhr fort:

„Es heißt, nur ein unbescholtenes, junges Mädchen könne die Geschehnisse dort einmal im Jahr nachts wahrnehmen, aber nur, wenn es sich unter zwei dachförmig geneigte Eichen stelle, die auf dem Weg vor dem Hügel lägen. Was sie dort auch erleben sollte, spräche sie darüber, so müsste sie alsbald sterben."

Die Gäste der Muhme nickten ernst. Ja, so sagte man, und das wusste hier ein jeder, und jetzt wollte man andere alte Geschichten erzählen.

So verging die halbe Nacht, und Gesche schaute sorgend nach draußen, der Rückweg würde beschwerlich sein, noch immer lag ein Brausen und Tosen in der Luft, zogen schwere

Gewitter über das Land. Aber die Eltern rechneten mit ihr, der Vater wollte ihr sogar entgegen gehen, so hatten sie es abgesprochen.

„Gebt mir Eure Laterne", bat sie die Muhme, die sie erst nicht gehen lassen wollte.

„Wenn es gar zu arg wird, kehre ich um", versprach ihr Gesche und eilte schnellen Schrittes am Rand des Moors entlang.

Schon näherte sie sich dem Hügel, als plötzlich ein greller, gleißender Blitz vor ihr aufzuckte und in eine der alten Eichen fuhr, die sich unter schwerem Ächzen zur Seite neigte. Kaum hatte Gesche sich von dem Schreck erholt, schlug ein weiterer Blitz genau in die Eiche gegenüber ein, die sich ebenfalls neigte, so dass die Bäume jetzt eine Art Dach formten, unter das Gesche sich schutzsuchend stellte, denn ein Blitz fuhr niemals zweimal in den selben Baum.

Ob sie sich wohl an die Geschichte der Muhme erinnerte? Den Pastor und die Toten versammelt sah? Sie konnte es nicht mehr erzählen ...

Als der besorgte Vater seine fiebernde Tochter unter den Eichen am Hügel fand, lag ein überirdisches Lächeln auf ihrem bleichen Gesicht. „Großvater, ich habe noch einmal den Großvater gesehen ..."

„Schweig, mein Kind, du darfst es keinem erzählen", rief der erschütterte Vater in tiefer Sorge, aber es war schon zu spät. Mit dem letzten Atemzug hauchte Gesche ihre unbescholtene, reine Seele aus.

Die Geschichte vom Pastor Meckel, nach dem das Meckelmoor benannt wurde, gilt als verbürgt. Über jene Gesche reden die Anwohner nicht gerne, und in der Silvesternacht bleiben viele Türen fest verschlossen.

Der Teufel auf der Postkutsche

Unmutig schlug der Kaufmann in der Buxtehuder Wirtschaft mit der Faust auf den Tisch. „Ihr wollt mir weismachen, dass ich meine Waren nicht mehr versenden kann? Den Handelspartner in Sittensen nur auf Umwegen über reitende Boten erreiche? Ja, da hätte ich wohl gleich eine Kutsche von Hamburg aus nehmen können."

„Der Postknecht hat den Dienst niedergelegt", erklärte der Wirt achselzuckend und warf den übrigen Gästen warnende Blicke zu.

„Was ist mit ihm, lahmen die Pferde, oder ist gar die Achse gebrochen?"

„In Gottes Namen, forscht nicht nach, guter Mann", versuchte ein Gast ihn zu beschwichtigen und schlug heimlich ein Kreuz.

Das entging dem Kaufmann nicht, und er wandte sich erneut an den Wirt. „Es soll Euer Schaden nicht sein, wenn Ihr mir einen Grund nennt, warum der Postdienst eingestellt wurde. Vielleicht weiß ich gar von meinen eigenen Bediensteten einen neuen Knecht für Euch."

„Wie Ihr wollt", der Wirt winkte ihn näher heran und schenkte für beide einen Obstbrand ein, „aber halb tot ist er gewesen, unser Hinnerk, als er bei seiner letzten Fahrt Sittensen endlich erreichte. Wollt Ihr wirklich wissen, was sich zutrug?" Der Kaufmann nickte und zog ein paar Silbertaler aus der Tasche. „Für den, der heute noch die Strecke für mich fährt. Schneller als der Teufel."

Die Leute schauten sich ängstlich um, als wenn der Leibhaftige direkt unter ihnen säße. „Ihr sollt es nicht berufen", mahnte der Wirt. „Hier hat man Respekt vor Himmel und Hölle. Also hört, was sich jüngst zugetragen hat:

Unser Postknecht ist die Strecke schon oft gefahren, aber als er diesmal den Thörenwald passiert hatte und sich etwa zwi-

schen Lengenbostel und Freetz befand, scheuten überraschend die Pferde, rollten unnatürlich mit den Augen und wieherten ängstlich. Im selben Augenblick tauchte eine schwarz gekleidete Gestalt wie aus dem Nichts auf und schwang sich zu Hinnerk auf den Bock. Unheimlich war er, der fremde Gesell, schwarz sein Antlitz, und ein beißender, stechender Geruch schien von ihm auszugehen.

„Hü", wollte Hinnerk die Pferde antreiben, aber diese legten sich vergeblich in die Sielen, bis Schaum aus ihren Nüstern drang. Nicht einen Meter kam die Kutsche von der Stelle, und Blitze zuckten vom plötzlich verfinsterten Himmel. Der Schwarze lachte auf eine Art, wie kein menschliches Wesen zu lachen pflegte, und da erkannte Hinnerk in dem Fremden den Satan persönlich.

Was tun? Unser Hinnerk war immer ein gottesfürchtiger Mensch gewesen, so griff er schnell nach seinem Posthorn und blies ohne Zaudern ein kräftiges „Allein Gott in der Höh' sei Ehr". Aber wen wundert's, der Teufel kreischte nur höhnisch auf und ließ einen Geruch fahren, dass es den Kutscher fast vom Bock gerissen hätte. Da sich das Lied als nicht wirksam erwiesen hatte, ging der Postknecht mit dem Mut der Verzweiflung zu „Eine feste Burg ist unser Gott" über. Die Pferde bäumten sich auf, des Teufels Hörner glühten wie erhitztes Eisen, und von des Teufels Antlitz löste sich die Haut wie bei einem Leprakranken. Aber erst nach der dritten Strophe räumte der Fürst der Finsternis seinen Platz und wurde von einer Erdspalte verschluckt, die sich grollend direkt vor der Kutsche auftat.

Hinnerk ließ die Zügel locker, und so preschten die Tiere wieder vorwärts, als ob der Leibhaftige noch hinter ihnen her wäre. Zitternd, kaum der Sprache mächtig erreichte der Postkutscher endlich Sittensen und berichtete von dem grauenhaften Erlebnis. Als er trotz seiner Bedenken die Fahrt mit einigen beherzten Männern erneut auf sich nahm, wiederholte sich das gespensti-

sche Erlebnis in allen Einzelheiten. Seitdem quälen ihn Albträume, und sein Herz setzt manchmal aus, nie wieder wird er auf den Kutschbock steigen, das ist gewiss", schloss der Wirt seine Erzählung.

Dem Kaufmann war unbehaglich, aber seine Geschäfte duldeten keinen Aufschub. Flugs zog er einen weiteren Beutel mit Dukaten hervor und fand auch einen zwielichtigen Genossen, von Berufs wegen ein Räuber, dessen Feigheit nur noch von der Gier nach schnödem Mammon übertroffen wurde.

„Ich werde für Euch fahren, wenn Ihr mich begleitet und am Ziel noch einmal eine ebensolche Summe zahlt", forderte er mit verschlagenem Blick.

Allen Warnungen zum Trotze brachen die beiden noch in der selben Stunde auf. Als sie den Wald erreichten, peitschte der Räuber auf die Pferde ein, doch es half nichts, an der besagten Stelle der Strecke blieben die Tiere mit zitternden Flanken stehen, und wieder stieg der schwarze Teufel auf den Bock und trommelte mit seinem Huf einen gespenstischen Rhythmus.

„So blast doch endlich", rief der Kaufmann in Panik aus dem Inneren der Kutsche. Doch der Räuber wusste nicht zu blasen, und so stimmte er mit falscher Stimme irgendein Sauflied an. Da triumphierte der Teufel und packte ihn mit seinem Schwanze um den Hals, bis kein Laut mehr aus der Kehle drang, und die Zunge schwarz hervorquoll.

„Ein feste Burg ist unser Gott", sang der Kaufmann mit fester Stimme, wie er seit ewigen Zeiten nicht mehr gesungen hatte. In Gedanken bereute er alle seine Sünden, und derer waren es viele gewesen ... Doch der Teufel streckte auch nach ihm seine behaarten Klauen aus, der pestilenzartige Gestank breitete sich aus, und so steigerte der Kaufmann seinen Gesang zu einem wahren Engelschor, bis er in eine gnädige Ohnmacht versank.

Die Pferde fanden den Weg alleine zurück, und später, erst viel später, als er sein Bewusstsein wieder erlangt hatte, erzählte der

Kaufmann demütig von seiner wundersamen Rettung, die er nur einem Kirchenlied zu verdanken hatte. Die Leute nahmen das als endgültigen Beweis für Hinnerks Geschichte, und so fuhr nie wieder eine Postkutsche von Buxtehude nach Sittensen.

Das Geheimnis des schwarzen Ritters von Estebrügge

„Schwarz wie eine mondlose Nacht war sein Gewand, er preschte auf einem Rappen zur Estebrügger Kirche, als sei der Leibhaftige persönlich hinter ihm her", erzählte der Schiffer dem Volk in der Schenke.

„Aber dann, ich schwör's euch, und wenn's gelogen ist, könnt ihr mich am nächsten Baum aufknüpfen, bis mir die Augäpfel aus den Höhlen quellen, dann plötzlich verschwand der Schwarze. Die Erde tat sich auf, und er fuhr hinab in die Hölle."

„Auch das habt Ihr mit eigenen Augen gesehen?", fragte der Schankwirt lauernd und dachte bei sich, dass, wenn man den Schiffer aufhängen könnte, es allerlei Volk als Zuschauer zu beköstigen gäbe, und er so ein gutes Zubrot haben würde.

„Ich sah ihn verschwinden, und was, außer der Hölle, kann unter der Erde sein?", verteidigte sich der Mann.

Noch ehe die Leute einen ordentlichen Streit ausfechten konnten, hörte man laute Stimmen, und eine Gruppe von Knappen stürmte herein.

„Wir suchen im Auftrag unseres Herrn, des Ritters von der Esteburg, kräftige Männer, die des Nachts schwere Arbeit nicht scheuen. Nur schwatzhaft wie alte Weiber dürfen sie nicht sein."

„Das sind die Knappen des Schwarzen", flüsterte ein Bauer dem Schiffer zu. „Ein echter Raubritter ist's, den Ihr gesehen, kein über- oder unterirdisch Wesen. Man darf ihn nicht reizen, sonst geht es einem schlecht. Er tut viel, um als gottesfürchtig zu gelten, versäumt keine Messe in der Estebrügger Kirche, selbst wenn ihm seine Gegner längs der Strecke auflauern. Die Schätze wollen sie ihm abjagen, Tuch aus Engelland und kostbare Waren aus dem hohen Norden, die per Schiff die Este aufwärts nach Buxtehude geschafft werden, dazu manch

Schmuckstück, das noch warm vom weißen Hals der rechtmäßigen Besitzerin. Man sagt, die Hanse wolle dem schwarzen Ritter schon lange das schlimme Handwerk legen."

Den Schiffer zog es weder in die Nacht noch auf seinen feuchten Kahn zurück, und so soff er in kleinerer Runde gemütlich weiter und wartete, bis die erschöpften Männer von ihrem Arbeitseinsatz zurückkehrten. „Gegraben haben wir wie die Deichratten", stöhnte ein junger, kräftiger Kerl. „Der Ritter hat es eilig gehabt mit seinem unterirdischen Gang, er will endlich ungehindert von seiner Burg zur Kirche gehen können."

„Mich dünkt, der Gang soll noch einen weiteren Zweck erfüllen", meinte ein anderer mit verschlagenem Blick. „Saht ihr nicht die schweren Kisten stehen, die keiner außer dem Ritter persönlich nach unten schaffen durfte?"

„Schweigt, oder wollt ihr Eure Zunge verlieren?", mahnte sein Kumpan.

„Mich geht es ja nichts an, aber wenn erst die Kaufleute der Hanse von diesem Geheimgang erfahren ..."

Der Schiffer mochte sich nicht in fremde Händel mischen, zumal der schwarze Ritter so gar kein freundlicher Gesell schien, und seine Zunge wollte er auch behalten.

So machte er sich am nächsten Tage wieder auf den Weg und durchkämmte die Weltmeere und Flüsse, bis es ihn erst einige Jahre später erneut an Elbe und Este verschlug. Nach dem Anlegen sah er zu seiner Überraschung einen hässlichen Zwerg, der saß direkt gegenüber der Estebrügger Kirche am Ufer und schaute verkommen und erbärmlich aus. Aber als er dem Gnom ein paar Münzen zustecken wollte, damit der an seiner Stelle ein Gebet verrichtete, da schaute der Schiffer dumm aus seinem Hemd, denn es war nur ein alter Baumstumpf gewesen.

Die Männer in der Schenke nickten wissend, als er dort seine Geschichte zum Besten gab. „Ja, ja, er hat ein böses Ende genommen."

„Aber nein, es war nur der Nebel am Fluss, der mir diesen lächerlichen Streich spielte", beharrte der Schiffer, dem das süffige Gebräu die Zunge löste.

„Lasst Euch berichten, was geschehen", schlug der Wirt vor. „Erinnert Ihr Euch an den schwarzen Ritter, dem Ihr einst begegnet? Die Häscher der Hanse haben ihn gestellt, als er seine Beute in jenem geheimen Gang verstecken wollte. Sie nahmen das unrechte Gut an sich und straften den Bösen auf grausame Art, indem sie ihn lebend einmauerten an eben jenem Ort, wo er sein gierig frevelhaftes Tun vollendete. Seitdem geht er dort unten um, tritt nur ganz selten ans Licht, und wenn ein Mensch ihn erblickt, ist's, als sei es nur ein knorriger Stumpf gewesen. Wenn Ihr wollt, grabt nach und öffnet den Gang."

Aber dem Schiffer war nicht nach zweifelhaften Heldentaten, und so warf er auf dem Heimweg nur einen flüchtigen Blick auf den Baumstumpf, der ihm lockend zuwinkte und dann wieder im Boden verschwand, spurlos, wie von Geisterhand.

Bis heute spricht man in jener Gegend von der Existenz eines unterirdischen Gangs, obwohl man ihn noch nicht entdeckt hat. Aber Baumstümpfe im Nebel gibt es viele an Este und Elbe ...

Wie Stade vor dem schwarzen Tod bewahrt wurde

In der historischen Altstadt zu Stade liegt in der Bungenstraße ein alles Haus, das zu Beginn des 17. Jahrhunderts den Brauerknechten als Gildehaus diente. „Knechthausen" nennt man es auch heute noch, und eine Bruderschaft pflegt zu Fastnacht bis in die Gegenwart die Tradition, aus einer kleinen Tür im Giebelbereich das berühmte „Stader Eierbier" auszuschenken. Verbunden ist dieser Brauch mit dem „Ruthängen des Petermännken", das sich auf eine alte Sage aus den Zeiten der Pest bezieht.

„Nicht ohne den Segen meines Vaters", sanft aber bestimmt wehrte Gertrud die Hand ihres Liebsten ab. „Wenn er nicht einwilligt, Peter, darf es nicht sein, und wir wollen uns doch nichts Unrechtes zu Schulden kommen lassen."

Peter Menken biss die Zähne fest aufeinander, damit er nicht zu fluchen anfing. Vor Zorn und Enttäuschung hätte er am liebsten den großen Bierkrug an die Wand geworfen. Warum musste ausgerechnet er sich in die Tochter des Brauereibesitzers verlieben? Er, der er nur ein einfacher Brauerknecht war, aufrechten Herzens mit den Kollegen fleißig sein Tagewerk verrichtete, um dann nach getaner Arbeit echten Männerdurst mit einem guten Stader Bier zu löschen. Das Leben war kurz, und er ein beständiger Gesell, der seine Liebste sofort zur ehrbaren Gattin machen würde, auch ohne das väterliche Einverständnis. Aber Gertrud war so reinen Herzens, dass sie aus ihm immer wieder nur das Beste zum Vorschein brachte.

Peter Menken ging im Dunkeln die Gasse herunter, von der Rosenstraße durch die enge Lämmertwiete bis zu den Häusern der reichen, englischen Tuchhändler, die ihre Straßen mit Stroh auslegten, um nicht am frühen Morgen von dem Geräusch der Pferdefuhrwerke geweckt zu werden. Verdrießlich schob er mit der Stiefelspitze eine tote Ratte aus der Gosse, die Viecher

99

machten sich breit in jüngster Zeit. Überall huschten sie durch die Stadt, schlüpften in die Keller der Häuser, die auf Pfählen errichtet waren, und brachten so manch schwaches Weib zum Kreischen.

„Eine mildtätige Gabe, junger Herr", bat ihn eine verhüllte Alte auf der Hökerstraße mit zittriger Stimme. „Mein Mann liegt im Sterben, und ich habe sieben Kinder zu ernähren."

„Was fehlt ihm, Mütterchen?", fragte Peter, während er seine Börse zog, denn ihm war ein barmherziges Herz zu eigen.

„Schweigt, mein Herr und kommt mir nicht zu nahe", flüsterte die Alte und schaute sich argwöhnisch um.

„Die Ratten sind überall und bringen uns Krankheit und den schwarzen Tod. Wenn es die Pest ist, wird man mich und die Meinen aus der Stadt treiben. Unten am Fischmarkt gibt es die ersten Toten, und keiner will die Leichen wegschaffen. Erbarme sich Gott ihrer armen Seelen, ich fürchte, sie werden nicht christlich bestattet werden."

Die schwarze Pest, auch Peter schauderte, es gab kein Gegenmittel, unerbittlich nahm der Sensenmann seinen Weg, machte keinen Halt selbst vor Ratsherren, raffte Arm und Reich gleichermaßen dahin. Grübelnd nahm er seinen Weg und blieb wie jeden Abend noch einmal vor dem Haus seiner angebeteten Gertrud stehen. Doch diesmal war das Haus zur späten Stunde noch hell erleuchtet, und eine Dienstmagd zerrte ihn am Wams in die Diele. „Der Herr will Euch sprechen." Verwundert trat Peter ein, war er doch bisher weder als Gast noch als Freier erwünscht gewesen.

Gertrudens Vater stand neben der Feuerstelle und schüttelte ihm ernst die Hand. „Die Zeiten ändern sich, Peter Menken, heute bin ich der Bittsteller und brauche Euren Rat. Ja, die Pest ist in die Stadt gezogen, wütet insgeheim, man wirft die Toten feige in der Dunkelheit in die Gosse und schließt sich selber in Panik ein. Wenn sich keiner findet, der die Leichen in die Pest-

kuhle vor die Stadt schafft, wird es uns wie unseren Altvorderen ergehen, keine einzige Familie blieb damals verschont."

Peter spürte, wie kaltes Entsetzen von seinem Herzen Besitz ergriff. Kaum einer der Totengräber hatte damals überlebt, gegen die Pest war kein Kraut gewachsen. „Meister, Ihr ehrt mich, aber das könnt Ihr nicht von mir verlangen", sagte er nach sorgfältigem Nachdenken. „Ich bin jung, habe die Zukunft noch vor mir."

„Ihr habt nicht Weib noch Kind", erwiderte der ältere Mann.

Doch da öffnete sich die Tür zur Stube, und Gertrud, die nur einen dünnen Schal über ihr zartes Nachtgewand geworfen hatte, warf sich dem Vater zu Füßen. „So gebt mich ihm zur Frau, denn ohne ihn könnte ich niemals leben." Dann wandte sie sich an ihren bestürzten Geliebten. „Peter, mein Peter, wer wäre so mutig, wenn nicht du? Ich bitte dich beim Namen der Heiligen Jungfrau und allem, was dir lieb ist, beseitige die Toten, denn noch ist es nicht zu spät, unsere Stadt vor der schwarzen Pest zu retten." Wie hätte Peter dieser Bitte widerstehen können?

Erschüttert zog der Vater seine Tochter hoch und legte ihre Hand in die von Peter Menken.

„Bei meiner Ehre, es soll gelten, wenn Ihr die Toten aus der Stadt schafft, heiße ich Euch als Eidam willkommen."

Nun gab es kein Zaudern mehr. Peter machte sich eilig auf den Weg, quer durch die Stadt, vom Pferdemarkt zum Fischmarkt, er zerrte die trinkenden Kumpane aus den Wirtshäusern und klopfte so manchen aus seiner Nachtruhe.

„Hört, Kumpane, der schwarze Tod ist zurückgekehrt. Glaubt nicht, dass er freiwillig wieder die Stadt verlässt, so lange er noch Beute wittern kann. Wer von euch ist bereit, mit mir die Toten draußen vor den Stadttoren zu begraben und ein paar schlichte Worte für ihre armen Seelen zu sprechen?"

„Bist du des Teufels?", fragte einer der Knechte empört. „Die feinen Damen und Herren schließen sich ein, und wir sollen unser Leben aufs Spiel setzen?"

„Die Totengräber erliegen der Seuche, noch bevor der Hahn drei Tage gekräht hat, so war es stets und wird auch immer sein."

„Das kommt von Hofart und Wollust in dieser Stadt", meinte ein alter Gesell, der bisher nur die Krätze gehabt hatte und voller Neid auf die englischen Kaufleute und Wallonen blickte.

„Es ist kein Kraut gegen die Pest gewachsen", zögerte ein anderer, „wie sollen wir uns schützen? Keiner der Quacksalber kann uns helfen."

Das hatte Peter längst bedacht. „Nichts ist reiner als unser gutes Bier, von ehrlicher Hand gebraut, mit Zutaten, die der Herrgott für uns wachsen ließ. Brüder, lasst uns einen ordentlichen Humpen heben, bevor wir zur Tat schreiten. Das ist die beste Medizin. Wer von euch ist mit dabei?" Sie zögerten, und einige, die Familie hatten, zogen sich schweigend und kopfschüttelnd zurück. Andere berieten sich flüsternd und traten dann vor Peter Menken.

„Du bist immer aufrecht und ehrbar gewesen, wir wollen dir vertrauen und folgen." Der Äldermann brachte ein Fass, und so tranken sie stumm und entschlossen, bereit, dem Tod bis zum letzten Atemzug zu trotzen.

Der Mond schien fahl und spiegelte sich im Wasser des Burggrabens, als die Brauerknechte zur Tat schritten. Die Toten, auf denen sich schon Schwärme von Fliegen niedergelassen hatten, wurden auf Karren geladen und durch Gassen und Twieten bis vor die Tore zur alten Pestkuhle getragen, im Gefolge huschten gierige Ratten, die sich ihrer Beute beraubt sahen. Erde um Erde häuften die Männer auf die Toten, allen voran Peter Menken, der auch nach dem Begräbnis im Namen aller ein Gebet verrichtete. Erst im Morgengrauen kehrten sie zurück und sanken erschöpft auf ihre Lager.

Als feststand, dass die Seuche dank des Einsatzes der tapferen Gesellen gewichen war, eilte Gertrud zu ihrem Liebsten, Tränen

der Dankbarkeit in den Augen. „Der Vater lässt dir ausrichten, du magst um meine Hand anhalten, und der Rat der Stadt hat beschlossen, dass die Zunft der Brauerknechte von nun an für immer das Recht habe, die Toten zu Grabe zu tragen."

Ja, das war damals wie heute eine lukrative Sache ...

Dieses Privileg wurde über Hunderte von Jahren weitergegeben, vom Vater zum Sohn, vom Bruder zum Bruder. Es gibt sie noch, die Männer im schwarzen Dreispitz und wehendem Umhang, mit dunklen Kniebundhosen und Schuhen, an denen silberne Schnallen glänzen. Ernst und würdevoll geleiten sie in ihrer Tracht auf Wunsch die Toten zu Grabe. Aber zur Fastnacht, da wird im Rosenort, der Diele von Knechthausen, ordentlich gefeiert, das Stader Eierbier fließt in Strömen, und der Statue der lieblichen Gertrud werden anstandshalber die Augen verbunden.

Wenn Sie, verehrter Reisender, einmal die Stadt in dieser Jahreszeit aufsuchen, werden Sie leider vergeblich nach dem Rezept des köstlichen Trunks fragen. Die Stader Gastwirte halten es streng geheim. Nur soviel sei hier verraten: Heißes Bier, mit Ei verquirlt und spekulatiusähnlichen Gewürzen versetzt – da haben weder Pest noch trübe Launen eine Chance.

Raubmord und Sühne

„Wollt Ihr wohl aufstehen und dem Richter die Ehre erweisen?" Der Gerichtsdiener zerrte Curt Zimmermann am Rock, aber dieser erhob sich beleidigend langsam und nahm unbewegt das Urteil zur Kenntnis, das ihn wieder einmal zur Zahlung seiner Schulden zwang. „Das soll er mir büßen, der Holländer", wütete der Kaufmann vor reichlich Zeugen.

„Mich wegen ein paar lumpiger Dukaten vor Gericht zu zerren, das wird ihn noch beim letzten Atemzug reuen."

„Vater, so mäßigt Euch doch", flehten zu Hause Frau und Sohn, aber der Selbstherrliche war wie immer vor blindem Hass vernünftigen Worten nicht zugänglich.

„Carl, mein Sohn, hol auf der Stelle deinen Vetter und hört, was ich euch auftrage."

Das finstere Komplott ward unverzüglich geschmiedet, und als Zimmermann von seinen Spionen in der Gastwirtschaft „Zur Linde" erfuhr, dass der holländische Kaufmann sich am folgenden Tag von einem Fuhrmann von Stade nach Bremen fahren lassen wolle, plante er mit seinen Helfershelfern gemeinsam die böse Tat. „Ihr lauert der Kutsche auf dem einsamen Weg bei Bremervörde auf und erschlagt mir den Widersacher. Dass ihr mir nicht ohne sein Geldsäckel zurückkehrt!"

Und so geschah es, Sohn und Brudersohn führten die Tat wie besprochen aus und warfen den Leichnam in den nahe gelegenen Fluss Oste. Das Geld teilten sie mit dem Fuhrmann, einem Kerl von niederer Gesinnung, damit er sein Maul über den üblen Raubmord hielte.

Als nun der Holländer an seinem Heimatort vermisst wurde, schrieben seine Freunde an den Stader Lindenwirt, was wohl die Ursache sei. Der Wirt ließ den Fuhrmann rufen, der seine Mütze in den Händen drehte und verstockt zu Boden blickte.

„Hab nur meine Pflicht getan und den Herrn wie gewünscht nach Bremen gebracht", log er frech.

Da grübelte der Wirt und bekam ein ungutes Gefühl. Er richtete ein Schreiben an den Bremer Wirtskollegen und erfuhr, dass der Kaufmann dort niemals angekommen war.

„So wird mir der Stadtbüttel helfen müssen", beschloss der Wirt und zerrte den verlogenen Fuhrmann zur hochnotpeinlichen Befragung.

Nicht ungern zog der beauftragte Büttel die Daumenschrauben noch ein wenig fester. „Gesteht, Halunke, oder Eure Seele wird zusammen mit Eurem Körper in der Hölle schmoren bis zum Jüngsten Tag." Wimmernd schüttelte der Fuhrmann den Kopf und winselte um Gnade. Aber erst die Streckbank brachte ihn dazu, die Untat zu gestehen.

Sofort brachen die Häscher auf, um auch die anderen Übeltäter in Bande zu schlagen, aber Zimmermanns Sohn war bereits entkommen, von der Mutter gewarnt, der eine weise Frau einen Prozess vorausgesagt hatte.

Curt Zimmermann aber lachte höhnisch. „Wollt Ihr etwa einem armseligen Fuhrmann glauben, der womöglich seine Tat alleine ausführte und jetzt feige ehrbare Leute beschuldigt?"

Aber da half ihm auch sein großherrisches Auftreten nicht, der Büttel riss ihm mit der Zange einen Nagel nach dem anderen aus und zertrümmerte dem Neffen die großen Gelenke. Dann warf man die beiden in den Kerker, um der Bevölkerung auch in den nächsten Tagen noch ein spannendes Schauspiel bieten zu können.

„Mann, so gebt das Verbrechen endlich zu, dann könnt Ihr einen angenehmen Tod durch die Hand des Henkers erfahren", mahnte der Wirt, dem es nur um Gerechtigkeit und nicht um Rache ging. Indessen war die Frau des Kaufmanns in ihrer Verzweiflung noch einmal zu der weisen Alten gegangen und hatte ihr immensen Reichtum versprochen.

„Im Namen Got-
tes, gute Frau, so helft mir
doch. Gebt mir einen Rat,
wie ich den Gatten und Brudersohn vor einem schlim-
men Tod bewahren kann."

Da kicherte die Alte hä-
misch. „Euer Gott kann
nicht mehr helfen, vertraut
Euch von nun an einem
Stärkeren an."

„Was soll ich nur tun?",
hauchte die Frau entsetzt,
aber dennoch zu allem be-
reit, denn als Witwe eines
schmählich Hingerichteten
würde sie einen schweren
Stand in dieser Stadt haben,
wenn man sie nicht gar der
Beihilfe belangte, einer Was-
serprobe unterzog oder auf
den Scheiterhaufen setzte.

„Versammelt euch bei
vollem Mond zu Neunen
im Namen des Teufels und
schwört ihm ewige Treue", forderte die Alte unerbittlich, „dann
habt Ihr noch eine Chance, die Haut der Angeklagten zu retten."

Die Frau suchte sofort alle ihr bekannten zauberkundigen
Weiber auf, bat diese, noch andere mitzubringen, und schließlich versammelte man sich heimlich bei Vollmond auf einem
heidnischen Totenacker. Neune an der Zahl wie gefordert.

Dieses war aber von anständigen Bürgern nicht unbemerkt
geblieben, und so setzte man die Frauen fest, bevor sie noch

Satan hatten anrufen können. Drei von ihnen, die man bereits früher der Hexerei verdächtigt hatte, kamen noch in derselben Nacht auf den Scheiterhaufen, die anderen wurden der Richtbarkeit des Erzbischofs unterstellt. Der war gnädig gestimmt und setzte die übrigen Frauen auf freien Fuß, nachdem sie Urfehde geschworen hatten, niemals mehr der Stader Bevölkerung etwas zu Leide zu tun oder gar Rache zu nehmen.

Es gab ein Spektakel in diesen Tagen, dass die Bevölkerung lange nicht vergessen sollte: Zuerst wurde der Fuhrmann geköpft. Ein ordentlicher, angemessener Tod, befanden die Gaffer, denn der Mann hatte ja gestanden, wenn er auch inzwischen um eine Elle länger war und der Augen verlustig gegangen, aber vielleicht war Gott ihm gnädig und würde den reuigen Sünder trotzdem zu seinen Füßen sitzen lassen.

Curt Zimmermann indes war kein Laut zu entringen, was ohne Zunge auch schlecht möglich war, aber trotzdem, als man ihn aufs Rad flocht, glaubten einige, einen gequälten Ausdruck in seinen Augen erkennen zu können. Andere behaupteten, seine schwarze Seele sei unverzüglich mit der des Brudersohns in die Hölle gefahren, denn auch diesen hatte man aufs Rad geflochten. Aber der hatte vorher zum Ergötzen vieler noch wie ein tollgewordenes Vieh geschrien, so dass sich das Zuschauen doch noch gelohnt hatte.

So war das Verbrechen an dem Holländer angemessen gesühnt und schreckte manch üblen Gesellen in nächster Zeit vor ähnlichen Schandtaten ab.

Der Meerdrache

„Drömkierl, geh dem Vater helfen, ein Sturm zieht auf, und deine Brüder sammeln Treibholz am Strand."

Aber der verträumteste ihrer sieben Söhne saß sinnend am Herd, schaute in die flackernden Flammen und spann sein Gedankengarn über der Glut der Asche.

„Was soll nur aus dir werden", seufzte seine Mutter, eine einfache Bauersfrau. Für die Arbeit auf See taugte er nicht, ihr Jüngster, mochte auch das Land nicht bestellen, wie es der Vater und die Brüder taten. Schon zweimal hatte er gar die Hand einer redlichen Bauerntochter ausgeschlagen, nur weil ihm die Tochter des Königs nicht aus dem Sinn ging.

„Ich will die Miramant oder keine!"

„Das schlag dir aus dem Kopf, du kannst sie nie erringen."

Als Kinder waren sie Spielfreunde gewesen, hatten Hand in Hand die heimatlichen Gefilde erforscht und sich kindlich unbekümmert einander versprochen.

Erst einmal danach hatte Drömkierl die Prinzessin hoch zu Ross am Ufer der Elbe wiedergetroffen.

„Nun, Drömkierl, willst du gegen den Meerdrachen antreten, der unser Land verschlingt?" Sodann hatte sie dem Pferd die Sporen gegeben und war übermütig und furchtlos den Strand entlang gejagt, dieser Anblick und ihr perlendes Lachen war ihm seitdem nicht mehr aus dem Kopf gegangen.

Zu jener Zeit lag die Mündung der Elbe noch weit draußen im Nordmeer. Kein schützender Ring der Deiche umschloss die Gestade der Nordsee, und so hauste dort seit langem ein unvorstellbar schrecklicher Drache, ein schuppiges Ungeheuer mit nie zu stillendem Appetit. Sein mächtiger Schwanz peitschte das Wasser zu schäumenden Wogen, ganz wie in einem wilden Sturm. Oft liefen die vorbeifahrenden Schiffe aus dem

Ruder und fielen dem Rachen des Meerdrachens zum Opfer, der sie in wirbelndem Strudel mitsamt der Besatzung verschlang. Ja, seine Fressgier war so groß, dass er selbst die Marschen und Küsten nicht verschonte, mit allem, was darauf lebte. Auf diese Weise war die Elbemündung immer weiter ins Land zurückgedrängt worden.

Die entsetzten Anwohner beschlossen, eine weise Frau um Rat zu fragen, die einsam in den Wäldern der Geest lebte und aus dem Rauschen der Bäume die Zukunft zu deuten wusste.

Also lautete ihr Spruch:

>„Aller Mädchen Zier
>stillt des Drachen Gier.
>Nur nach solcher Beute
>schont er Land und Leute."

Die Menschen glaubten der Alten und sahen sich heimlich nach der schönsten Jungfrau des Landes um.

Da ward dem herrschenden König mächtig Angst, denn seine einzige Tochter, mit Namen Miramant, war von gar lieblicher Gestalt, und er ahnte sehr wohl, dass sie dem Drachen geopfert werden sollte.

„Vater, ich kenne keine Angst. Niemand wird mir etwas zu Leide tun."

„Ich kann dich nicht vor unserem eigenen Volk schützen, aber ich will dir einen guten Mann suchen, weit entfernt von hier, damit man dich nicht opfern kann."

So geschah es, und die Wahl des Königs fiel auf einen Edelmann aus dem Nachbarreich, einen alten, buckligen Witwer, der aus dem Hals roch und seine Leibwäsche nur selten wechselte, aber er lebte in sicherem Abstand vom Fluss.

„Mein Vater, warum wollt Ihr mich unglücklich machen? Müsste ich diesen zum Gatten nehmen, ginge ich lieber ins Wasser." So sprach die Ungestüme und flüchtete bei Sturm und Regen an den Strand.

„So komm mich doch holen", rief sie trotzig dem Drachen zu, der alsbald schnaubend aus den Fluten auftauchte.

„Ich nehme nur den zum Mann, der dich besiegen kann. Sonst wähle ich den Tod." Sie sprach's und verweigerte von da an die Nahrung.

Das hörte Drömkierl und dachte sich sein Teil ...

Der König hing sehr an seiner Tochter und wusste, dass er ihren Willen niemals brechen würde. So ließ er die gesamte Ritterschaft des Landes zu sich kommen und stattete sie mit seinen besten Waffen aus.

„Wer mir den Tod des Untiers meldet, macht mich zum glücklichsten Menschen des Landes. Es soll sein Schaden nicht sein. Dem Bezwinger des Untiers verspreche ich mein Reich, die Krone und die Hand der Prinzessin dazu."

Die tapfersten Ritter zogen als Erste ans Wasser und stürzten sich mit dem bloßen Schwert auf den Drachen. Dieser öffnete den Rachen und verschlang sie, vier Stück an der Zahl, mit einem Male. Dann schnaubte er Feuer aus seinen Nüstern und schlug den Rest der Knappen in die Flucht. Keiner vermochte dem feuerspeienden Drachen Stand zu halten, und erneut wurden Stimmen laut, die das Opfer von Miramant verlangten.

„Sei's drum, dann werde ich es selber versuchen", sagte der Bucklige, begierig, endlich wieder ein junges Weib zwischen den Laken zu haben. Er ließ in dunkler Nacht ein Schiff zu Wasser bringen und hoffte, den Drachen im Schlaf zu überraschen. Nur unser Drömkierl wusste, dass Meeresdrachen niemals schliefen ...

Es geschah, was zu befürchten war: Das Untier wartete, bis das Schiff auf seiner Höhe war und zertrümmerte dann mit einem einzigen Schlag seines Schwanzes das hölzerne Spielzeug. Keiner überlebte diese Nacht, und vom Bucklingen blieb nur ein Stück seines Lederwams, das der Drachen verschmäht hatte.

Dies alles hatte auch Drömkierl aus der Ferne beobachtet. „Vater, Mutter, ich habe das Ungeheuer mit eigenen Augen gesehen", sprach er. „Man sagt, Miramant wird immer schwächer, und so will ich einen Weg finden, uns alle vor weiterem Schaden zu bewahren."

Er meldete sich beim König zum Kampf mit dem Meerdrachen an. „Ist mir kein anderer geblieben als ein armer Bauernsohn? Sag, welche Waffen willst du tragen?"

Statt Schwert und Rüstung forderte Drömkierl nur Flintstein und Zunder, mit denen er sich auf den Weg zum Elbstrand machte. Von einem armen Fischer erbat er sich dessen Kahn, aber der Fischer lehnte aus Angst vor dem Untier ab, so dass Drömkierl zu einer List greifen musste: Er grub ein Loch in das Ufer und entzündete darin ein Torffeuer, dessen Schein gülden funkelte.

„Hört, guter Mann", rief er dem Fischer zu. „Mir ist das Glück hold. Seht, ich habe einen Goldschatz entdeckt und will ihn brüderlich mit Euch teilen." Als der Mann bei dieser Botschaft angelaufen kam, rannte der Bauernsohn schnell zu dessen Kahn und stieß mit ihm ins offene Wasser.

Da erhob sich sogleich der Drache aus den Fluten, öffnete den Rachen und verschluckte den Kahn mitsamt seinem Fährmann. Doch schon einen Augenblick später stieß er ein fürchterliches Gebrüll aus, dass die Erde bebte, und spie dabei den Kahn mit dem Bauernsohn wieder aus. Dann wand sich das Untier in Qualen und blieb schließlich nach einem letzten grauenhaften Todesschrei verendet als unförmige Masse am Ufer liegen.

Der überglückliche König ließ sich sogleich von dem tapferen Drömkierl die Heldentat berichten.

„Nun, mein König", sprach dieser, „wie wir alle wissen, besteht das Fleisch des Meerdrachens aus fettem Tran. Woher käme sonst die Glut seines Atems? Als mich das Tier verschlungen hatte, berührte ich ihn mit einer glühenden Kohle,

die ich von meinem Feuer bei mir trug. So brannte er von seinem eigenen Fett und musste mich ausspucken, bevor er gänzlich in Flammen aufging."

Miramant erhob sich von ihrem Lager und ließ für sich und den Bezwinger des Drachens die auserlesensten Speisen auftragen.

„So sollst du es also sein, Drömkierl, es ist mir recht", sagte sie schlicht und reichte ihm beide Hände. Der König hielt sein Versprechen und vermählte nicht nur Drömkierl mit seiner Tochter, sondern baute dem jungen Paar auch am Ufer der Elbe eine Burg, die man „Kiek in die Elbe" nannte.

Im Laufe der Zeit überzog das Wasser den toten Körper und die ausgefallenen Zähne des Drachen mit einer fetten Schlickschicht, die auch heute noch – der Sage nach – als kleine Inseln in der Elbe (Krautsand, Pagensand, Lühesand) zu sehen sind.

„Kiek in die Elbe" soll noch lange nahe Freiburg im Land Kehdingen gestanden haben.

Das versunkene Dorf

Wenn man von Hamburg aus die Elbe abwärts reist, vor Cuxhaven rastet und sich alsdann nach Westen in das ländliche Gebiet der Wingst begibt, stößt man am Rande dieser Landschaft auf einen verwunschenen See. Er ist umgeben von einem dichten Schilfgürtel, am Ufer nisten seltene Wasservögel, und vom Wasser her tönen die klagenden Schreie der Blesshühner, die selbst im Winter nicht weichen wollen. Ob es nun wirklich verlorene Seelen im Balksee gibt, mag ein jeder für sich entscheiden, aber zuerst höre man diese Geschichte ...

Im Dorfe Balk war es vor langer Zeit ein gutes Leben. Das tägliche Brot war durch die Fülle der Natur gesichert, und das Schicksal meinte es gut mit den Bewohnern, nichts störte den ruhigen Wechsel der Jahreszeiten, Kornkammern und Speicher waren stets wohl gefüllt, und die Reichen teilten mit den Ärmeren, wie es Sitte sein sollte. Das ganze Dorf übte Gastfreundschaft gegen Durchreisende, ja, man sprach sogar davon, dass Balk in dieser Hinsicht eine ganz besondere Zierde des Landes sei. Schließlich wurden die Bauern so reich, dass sie nicht mehr wussten, wohin mit ihrem Reichtum.

„Was sollen wir es nur verschenken, ein jeder ist seines eigenen Glückes Schmied", murrten die Reichsten und bestreuten von nun an ihre Hausflure mit feinem Weizenmehl statt mit grobem Sand, wie es immer üblich gewesen.

„Das ist recht gesagt", schlossen sich die meisten an, und auch die Weiber lebten lieber in Saus und Braus und gönnten den Durchreisenden noch nicht mal mehr ein schwarzes Korn unter dem Fingernagel.

Eines Tages geschah es, dass ein Fremder auf seiner Wanderung den Weg nach Balk nahm und an die Türen klopfte. „Ich

117

bitte um ein Nachtlager für einen müden Wanderer, dem die Füße schmerzen und der sich nach einer wohlgefüllten Wampe sehnt. Habt Erbarmen und gewährt mir Eure Gastfreundschaft, auf dass Gott es Euch im nächsten Leben vergelte." Voller Hoffart und Selbstgefälligkeit wandten sich die Einwohner ab.

„So ziehe er doch ins nächste Dorf."

„Wir haben nichts zu geben" oder „Mach' er sich fort", bekam er statt eines Lagers beschert. Nur eine verarmte, alte Frau gewährte ihm Einlass und brach das Brot mit ihm.

„Viel ist es nicht, was ich zu geben habe, aber ist es nicht erste Christenpflicht zu teilen, was man hat, so geringfügig es auch sei?" Sie schüttete ihm frisches Stroh auf und breitete ihr feinstes Tuch darüber. Ja, sie schlachtete sogar ihr letztes Huhn, um eine kräftige Brühe für den Fremdling zu kochen. Dieser genoss alles schweigend und sank später ermattet auf das saubere Lager. Erst am anderen Tag wollte er die gute Tat der Alten vergelten.

„Sagt mir, gute Frau, was bin ich Euch schuldig?", dabei zog er die letzten Münzen aus dem Hosensack.

„Wie könnt' ich von einem nehmen, der ärmer ist als ich", sagte sie im Scherz, „erfüllt mir lieber einen Wunsch."

„So wünschet, wonach Euch ist", erwiderte er ernsthaft.

„Nun gut", sie lachte von Herzen, „dann wünsche ich, dass die erste Arbeit, die ich heute verrichte, kein Ende findet."

Der geheimnisvolle Wanderer nickte freundlich und zog von dannen.

Die Frau aber machte sich an ihr Tageswerk, zog das in den letzten Monaten gewebte Leinen aus der Kammer und fing an, es zu recken. Doch siehe da, zu ihrer Verwunderung wurde es mehr und mehr, bis sie all ihre Truhen bis oben hin gefüllt hatte. Als sie ihrer Nachbarin davon berichtete, war diese von Neid zerfressen und trachtete danach, dass man ihr Gleiches verschaffe.

So lauerte sie am Eingang des Dorfes, bis der fremde Wanderer wieder einmal seinen Weg nach Balk nahm und hielt den Pilger an. „Erfüllt auch mir einen Wunsch", forderte sie dreist. „Meine erste Arbeit des Tages soll kein Ende finden, ich verdiene es ebenso wie die Gevatterin."

„So einfach mag es diesmal nicht gehen", zögerte der Fremde, aber die Frau gab nicht nach in ihrem Nörgeln und Betteln.

„Gebt Acht, dass aus der erwiesenen Gunst keinem ein Schaden entspringt", mahnte er ein letztes Mal.

Da ward die Ungestüme ob der belehrenden Worte so zornig, dass sie einen Eimer Wasser ergriff, der unter ihrer Tür gestanden, und goss ihn dem Wanderer über Haupt und Rücken. Aber weil dies ihre erste Arbeit am Tage gewesen, und der Wunsch also doch in Erfüllung gegangen war, musste sie von dieser Stunde an Eimer um Eimer auf die Straße leeren, bis ein rechter Strom das Dorf erst versumpfen und dann unaufhaltsam untergehen ließ. Der Balksee, wie er später geheißen, verschlang das reiche Dorf, weil es seiner Pflicht der Gastfreundschaft aus Hochmut und Geiz nicht nachgekommen war.

Eine andere Sage zum Balksee führt an dieser Stelle die Geschehnisse noch fort: Wenn im Winter der Frost seine klirrende, weiße Decke über den See breitet, steigen die weißen Stiere, die ansonsten auf dem Grunde des Sees ein friedliches Dasein führen, an die Oberfläche und nehmen menschliche Gestalt an. Sie werden zu Unholden, riesige Eiskerle mit feuerroten Bärten, die sich mit schönen Worten bei den Menschen einschleichen, um sich in deren Häusern einzunisten. Was sie dort in den Nächten tun und was dann draus wird – nun, wer es nicht erraten kann, schaue sich getrost einmal um, wie viele rotbärtige Menschen es auch heute noch in der Gegend um den Balksee gibt.

Der Kobold von Wechtern

Das Gut Wechtern hatte schon immer den Ruf, ein „Spuk-hof" zu sein, im 18. Jahrhundert traute sich lange kein Mensch, den Hof zu bewohnen, weil die Kobolde es mit ihrem Scha-bernack und schlimmen Streichen gar zu arg trieben. 1865 schrieb W. v. d. Decken in seiner Familienchronik sogar von einem Oberknecht, in dem sich die Gespenster früher einmal manifestiert hätten.

Überliefert von Mund zu Mund ist die Geschichte von einem kleinen Hauskobold mit Namen Matten ...

Lütt Matten, ein kleines, graues Männlein, hatte schon etliche Generationen auf dem Hof begleitet und tat nichts lieber, als den Menschen zu Diensten zu sein, das war seine Bestimmung. Niemals hätte er den Bewohnern ein Leid zugefügt, vielmehr liebte er es, ihnen bei der Arbeit mit den Tieren zu helfen, vor allem im Umgang mit den Pferden. Nachts fütterte er sie, flüs-terte ihnen beruhigende Worte ins Ohr und sorgte für reichlich Streu. Dann wieherten die Pferde wohl leise, schnaubten mit den Nüstern und ließen sich willig striegeln. Der Großjunge, der eigentlich für die Versorgung der Pferde zuständig war, verließ sich bald ganz auf Matten und blieb faul auf seinem Lager liegen.

Aber auch auf einen Kobold ist nicht immer Verlass, und so erwies sich Matten eines Nachts als saumselig, die Pferde blieben ungefüttert, und der Knecht erhielt dafür einen stren-gen Verweis.

„Dich will ich lehren, mir Ärger zu machen", sprach dieser im Zorne und versetzte dem kleinen Kobold zwei kräftige Schlä-ge mit der Futterschaufel. Matten sprang durch den Stall, wie nur ein Kobold zu springen versteht, und rieb sich die Kehr-seite. Dann baute er sich vor dem Großjungen auf und forder-

te ihn heraus: „Gibst du mir noch einen dritten Schlag, sollst du mich anders kennen lernen. Ich will dich schon erwischen."

Der Knecht hob wütend die Schaufel, um sie dann gleich wieder sinken zu lassen, nein, mit einem Kobold legte man sich besser nicht an, sie verfügten trotz ihrer geringen Größe über unheimliche Kräfte.

So verstrich eine Zeit, und die beiden vertrugen sich wieder, also wollte sich der Knecht wie früher auf die faule Haut legen und dachte, der Kobold könne eigentlich noch mehr Arbeit an seiner Statt verrichten. „Lütt Matten, du schläfst nachts ja doch nicht, da kannst du für mich morgens auch die Pferde von der Weide holen, gilt die Abmachung?"

„Das will ich gerne für dich tun, aber nur unter einer Bedingung: Du musst die Tiere jeden Morgen in der Frühe um vier Uhr vor dem Hof in Empfang nehmen."

„Mach ich, mach ich", freute sich der Knecht, aber Matten war noch nicht fertig.

„Wenn du auch nur ein einziges Mal verschläfst, musst du dafür dein Leben lassen."

Das nahm der Großjunge nicht so ernst, und so passierte es eines Morgens, dass er verschlief und nicht pünktlich vor dem Hof wartete. Anderen Tages fand man ihn leblos und kalt vor dem Haus des Bauern liegen. „Das geht nicht mit rechten Dingen zu", befürchtete der Bauer und wollte

den kleinen Kobold loswerden, denn was nutzte er ihm, wenn sich solche Geschehnisse häuften und das Gesinde vor Furcht und Aberglauben des Nachts nicht mehr die Ställe betreten wollte?

„Herr Pastor, ich bitte Euch, meinen Hausgeist herbeizurufen und ihm einen neuen Ort für seinen Spuk zuzuweisen."

Der Geistliche fand dieses Anliegen nur recht und billig und forderte den Kobold zu seinem Erscheinen und dann zu einem Gespräch heraus. Als Matten sich zeigte, teilte ihm der Pastor wohlüberlegt Folgendes mit:

„Dieses ist ein christliches Haus, darin böse Geister nichts zu suchen haben. Ich befehle dir, Geist, unverzüglich auszufahren und Hof und Gelände nie wieder zu betreten."

„Ich lasse mir von keinem Befehle erteilen, der so gefehlt hat wie du", erwiderte der kleine Matten.

„Was soll ich Böses getan haben?", fragte der Pastor verwundert. „Hast du nicht mit der Schnalle deines Schuhs eine Kornähre abgerissen?"

„Dafür pflanzte ich viele neue Ähren aus." „Und wie steht es damit, dass du eine Jungfrau geküsst hast?" Der Pastor ward ob des Kobolds Wissens erstaunt, blieb aber bei der Wahrheit.

„Die Jungfrau küsste ich nur aus reiner Liebe. Sag, Geist, weißt du noch von anderen meiner Sünden zu berichten, die der Herr mir nicht vergeben kann?"

Da wusste der Kobold nichts mehr zu sagen und lenkte ein.

„Wohin soll ich denn gehen?"

„Fahr für immer in die Elbe!"

„Befiehl mir das besser nicht. Denn dann ließe ich kein Schiff mehr unversehrt vorbei."

„So weiche von hier in den Keller und bleibe dort für alle Ewigkeit." Also wurde Matten in den Keller verwiesen, mit dem Befehl, die Körner eines Sandbergs immer wieder aufs Neue zu zählen. Nur eine Pfeife Tabak und Feuerstahl gab man ihm mit.

Von da an gab es keine Hilfe mehr in den Ställen, und aus dem Keller klang manchmal ein unheimliches Rumoren, dass den Bediensteten Angst machte, so ließ der Bauer den alten Keller zumauern und baute einen neuen für den Gebrauch.

Viele, viele Jahre später, als das alte Haus zerfallen und ein anderes darauf errichtet wurde, gruben die Arbeiter den Keller des Kobolds wieder auf. Eine kleine, blaue Flamme soll durch die Gänge gegeistert sein, und Pfeife und Feuerstahl lagen in einer Ecke auf einem Sandhaufen. Andere berichten, das neue Haus sei bald abgebrannt, und aus den Flammen habe man ein spöttisches, irres Gelächter vernehmen können.

Der Schatz von Oberndorf

„Bescheide dich endlich! Hast du nicht einen kräftigen Mann, bist selber gesund und beherzt genug, dein Leben zu meistern?" So mahnte die alte Gevatterin ihre junge Verwandte. Aber diese war von besonders kecker und aufbrausender Art.

„Soll ich in billigem Garn wie die anderen Frauen einhergehen, nur Kornsuppe und Schwarzbrot auf den Tisch bringen? Ach, hätte ich nur genügend Dublonen, dann würde ich mit meinem Mann ein gar lustiges Leben beginnen. Feine Kleider, ein großes Haus, da sähen auch die Gäste anders aus."

Die Muhme nickte friedfertig. „Das soll wohl so sein. Du hast gute Manieren und weißt auch, im richtigen Moment zu schweigen, eine seltene Kunst bei den Frauen. Kennst auch keine Angst vor Tod und Teufel, aber dennoch ...", sie zögerte zweifelnd, „an einem Geist kommst auch du nicht vorbei. Da hat es keinen Nutzen, dass mir ein versteckter Schatz bekannt ist. Nein, wir wollen es schnell vergessen."

„Muhme, liebe Muhme", die junge Frau bat und schmeichelte um die Verwandte. „So sagt mir doch, was Ihr über den Schatz gehört habt. Ich will ihn wohl finden und Euch einen guten Batzen davon abgeben."

„Ich brauche nicht mehr als mein täglich Brot", wehrte die Alte bescheiden ab. „Aber nun hört, was man schon seit alten Tagen erzählt: In der Kirche zu Oberndorf liegt ein Schatz vergraben, ein riesiger Braukessel, gefüllt mit Goldstücken bis an den Rand, dass man mehr als ein Menschenleben bräuchte, um sie alle auszugeben."

„Wenn Ihr das wisst, dann wissen es auch andere, Alte", verwunderte sich die Frau. „Warum hat keiner je versucht, den Schatz zu heben?"

Der Muhme entfuhr ein spöttisches Lachen. „Wer den Schatz erringen will, darf vor dem Teufel nicht bange sein, denn der Kessel wird von einem bösen Geist bewacht."

„Den will ich gerne in die Flucht schlagen!"

„Aber das ist noch nicht alles", fuhr die Muhme fort. „Es heißt, der Schatzsucher müsse vor allem schweigen können, denn schon beim kleinsten, gesprochenen Wort sänke der Schatz zurück in die Erde. Was auch geschieht, kein Wort darf den Lippen entfahren, und wer könnte das einhalten?"

„Habt Ihr nicht eben selber gesagt, ich wäre eine verschwiegene Frauensperson?", erwiderte die Frau mit glänzenden Augen und sah bereits eine Zukunft in Saus und Braus vor sich. Dann eilte sie flugs nach Hause, um ihrem Mann von der Geschichte der Gevatterin zu berichten. Der Gatte war ein furchtloser Kleigräber, wortkarg und tüchtig, auch er sehnte sich nach einem besseren Leben, war's aber zufrieden, wie es kam.

„Frau, an den Geist glaube ich nicht, aber an das Gold noch viel weniger", sagte er bedächtig. „So geh noch einmal zur Gevatterin und lass dir berichten", forderte sein Weib. Also tat er, hörte schweigend zu und schlief noch drei Nächte darüber. Dann schaute er sich in seinem kargen Heim um und teilte seiner Frau die Entscheidung mit. „Es könnte uns passen, wir wollen es gemeinsam in der nächsten Nacht versuchen."

Nachdem sie Seile, Schaufeln und allerlei Gerät eingepackt hatten, machten sie sich im fahlen Licht des Mondes auf den Weg zur Kirche. Eine Eule umflog mit heftigem Flügelschlag den Kirchturm, und in der Kirche selber stöberten sie einen Schwarm Fledermäuse auf, der der Frau in die Haare fuhr, aber sie beklagte sich mit keinem einzigen Wort. Schweigend arbeiteten sie im Wechsel mit den Hacken, setzten die Schaufeln an und rollten Felsgestein aus dem Weg.

Als schon bald ein metallenes Klirren zu hören war, hüpfte der Frau das Herz im Leibe vor Freude, und ihr Mann sah im

Geiste einen schmucken Kahn vor sich, mit dem er die Elbe herabsegeln wollte. Und einen Gesellen würde er einstellen, damit er am Tag des Herrn die Hände im Schoß ruhen lassen konnte. Die Frau dachte an Kleider aus spinnwebenzartem Linnen, gefärbt in Purpur, mit Goldfäden versponnen, und wie sie sich damit auf der Straße zeigen würde, damit die Nachbarn die Hälse recken sollten. Der Gevatterin würde sie nur eine neue Schürze kaufen, das sollte genügen.

Als der vergrabene Braukessel endlich zum Teil freigelegt war, blinkte den beiden das blanke, glänzende Gold entgegen, lachte sie an, forderte zur Besitznahme auf, musste doch keiner jemals erfahren, woher ihr Reichtum stammte. Verschwörerisch warfen sie sich Blicke zu und legten die Finger auf die Lippen, die für immer versiegelt bleiben sollten.

Der Mann schaute noch manches Mal unruhig hinter sich, ob nicht vielleicht doch ein fürchterlicher Geist …

Derweil steckte die Frau einen Schaufelstiel durch das Kesselseil und versuchte, den Schatz zu heben. Als ihr das nicht gelang, gab sie ihrem Mann Zeichen, mit aller Kraft gemeinsam mit ihr zu ziehen. Aber umsonst, auch die vereinte Kraft half nicht weiter. Da raschelte es in der Lichtkammer hinter ihnen, und die Frau dachte sofort, so kurz vor dem Erreichen ihres Ziels würde sie sich den Schatz von keinem Geist mehr nehmen lassen, stamme er aus Himmel oder Hölle!

Doch es war nur ein feiner Herr, der sich ihnen näherte. Er trug ein teures Gewand, hatte eine freundliche Miene aufgesetzt und grüßte artig, wie es sich für einen Fremden gehörte. Dann zog er die weißen Glacéhandschuhe aus und wandte sich zuerst liebenswürdig an die Frau.

„Mit Verlaub, meine Dame und mein Herr, wie ich sehe, habt Ihr Not, diesen alten Kessel zu bergen. Gestattet, dass ich Euch behilflich bin, ich werde mit anfassen." Da war die Frau über das freundliche, höfliche Gebaren des vornehmen Herrn so

überrascht, dass sie alle Vorsicht fahren ließ und ebenso höflich antworten wollte. „Mein Herr, das können wir doch gar nicht annehmen ...“

Kaum waren diese Worte aus ihrem Mund gekommen, gab es einen lauten Knall, gefolgt von Schwefeldampf und Donnergrollen. Begleitet von höhnischem Gelächter verschwand der Teufel – denn der war es gewesen – mitsamt dem Schatz und nahm sogar die Schaufeln mit. Zurück blieb nur einer der Glacéhandschuhe, den musste er wohl verloren haben.

Ja, das war alles, was den gierigen Schatzräubern blieb, und die Frau holte Jahr um Jahr den Handschuh aus einem Kästchen und weinte bitterlich, dass alles so ein Ende hatte nehmen müssen.

Der Klabautermann

„Er haust auf Schiffen, ist ein kleiner Wicht, nur eine Spukgestalt, ein harmloser Kobold, der Schabernack treibt", sagen die einen.

„Nein", flüstern die anderen hinter vorgehaltener Hand, „es bedeutet Unglück für alle, die ihn sehen können. Schiffe laufen aus dem Ruder, Sandbänke in der Elbe verschieben sich plötzlich, und ein Wirbelsturm trägt das Hohngelächter des Klabauters mit sich fort, bevor das Schiff mit Mann und Maus untergeht."

Keiner weiß, warum er bestimmte Schiffe heimsucht und andere unbehelligt lässt, aber als sicher gilt nach alter Überlieferung: Wenn eine Mutter die Freveltat begeht, ihr eigenes Kind zu töten und die Leiche unter einer Eiche verscharrt, dann fährt der Geist des ermordeten Kindes in die Schiffsplanken, die aus jenem Baum geschnitten werden. Der Geist meldet sich durch stetes Klopfen, und nur wer am 22. Februar geboren ist, kann ihn leibhaftig als kleinen Jungen in blaugrauem Anzug sehen. Andere berichten von einem bärtigen Gesell mit Spitzhut, Stiefeln und Gürtel, dessen wind- und wettergegerbtes Gesicht kein Alter erkennen lässt.

Wenn der Klabautermann sich erst einmal eingenistet hat, muss die Mannschaft sich gut mit ihm stellen, dann geht das Schiff nicht unter. Aber wehe, er geht von Bord, dann steht es schlecht um die Seeleute und ihr Schiff.

Frauen duldet er nicht auf See, jeder weiß, dass sie Unglück bringen und den Klabauter herausfordern. Auch pfeifen sollte man nicht in seiner Nähe, denn sonst könnte er sich mit einem üblen Leck rächen oder den Mast wie ein Zündholz knicken lassen. Aber einen echten Seemannsgesang von Männern, den mag er und stimmt so manches Mal aus dem Bauch des Schiffes falsch mit ein, denn des Gesanges Gabe wurde ihm nicht

mit in die Wiege gelegt, was man sich aber auf keinen Fall anmerken lassen darf!

Es ist besser, den Schabernack des Klabautermanns zu erdulden und niemals die Hand gegen ihn zu erheben. Ein Steuermann, der einst dem nächtlichen Ruhestörer einen Holzscheit gegen das Bein warf, brach sich wenig später beide Beine und musste fortan im Armenhaus leben.

Ein Matrose belauschte im Hafen zwei Männlein in der Größe von Kindern, die rote Kapuzen tief ins Gesicht gezogen trugen und sich von Schiff zu Schiff unterhielten.

„Stichst du morgen auch in See?", fragte der eine.

„Nein, ich bleibe der Elbe fern, denn mein Schiff wird sinken, bevor es noch die Nordsee erreicht hat." Da wusste der Seemann, dass es sich um zwei Klabautermännchen handeln musste und warnte flugs seinen Kapitän. Als der ihm keinen Glauben schenken wollte, musterte er ab und heuerte auf einem anderen Schiff an. Nach der Rückkehr von dieser Reise erfuhr er, dass sein altes Schiff erst auf Grund gelaufen und dann untergegangen sei, ohne dass sich auch nur ein Mann hätte retten können.

Ein Schiffsjunge sah einmal, wie der Klabautermann mit köstlichen Speisen bewirtet wurde. Da konnte er nicht widerstehen

und schaffte heimlich von dem Essen die besten Leckerbissen für sich beiseite, füllte auch vor dem Servieren aus der Flasche Wein ein Glas ab. Als er sein Diebesgut später abseits von den anderen auf Deck verspeisen wollte, verpasste ihm eine unsichtbare Hand eine gewaltige Ohrfeige, so dass er auf die Planken fiel und schreiend und heulend dort liegen blieb. So konnten sich alle denken, von wem die Ohrfeige stammte.

Manchmal flackert auf Reisen ein blaues Licht geisterhaft zwischen den Rahen und Masten, dann kommt bald der Klabautermann und wird sich ein Opfer holen. Man muss gut Freund mit ihm sein, höflich und zuvorkommend, dann zimmert er über Nacht alles wieder heil, was zuvor zerbrochen ist. Hat der Klabauter üble Laune, wirft er mit harten Gegenständen um sich und lärmt, er „klabautert".

Kurz vor dem Untergang eines Schiffes zeigt der Klabautermann sich von Angesicht zu Angesicht dem Kapitän. Er verabschiedet sich bei einem guten Mahl und fliegt dann über das Wasser davon.

Ein Schiffer aus dem Norden hatte alles für die Abfahrt parat, das Schiff sollte noch am selben Tag in See stechen. Da hörte die Mannschaft ein seltsames Poltern aus dem Schiffsrumpf, ein Kichern und Rumoren. Sie baten den Kapitän, nicht auszulaufen, aber dieser gab nichts um spökenkiekerisches Gerede und drohte ihnen mit wüsten Worten. Da verließen alle Matrosen bis auf den Koch das Schiff, und der Kapitän war gezwungen, eine gänzlich neue Mannschaft anzuheuern. Das Schiff segelte gen Skagerrak und ging dort in einem Sturm unter, der Koch starb als Erster, der Kapitän zuletzt.

Der Klabautermann ist auf allen Weltmeeren zu Hause, aber auch in den großen Flüssen, die zum Meer führen. An der Elbe wurde er oft von Menschen gesichtet, und selbst auf den modernen Kreuzfahrtschiffen hat ihn manch einer schon poltern gehört.

Treue bis in den Tod – die „Alte Liebe" zu Cuxhaven

„He lücht", sagt der alte Seebär an der Hafenmole in Cuxhaven schmunzelnd, als ein hübsches Mädel ihn danach fragt, ob man wirklich auf dem Rücken eines Seehunds bis zu den Inseln in der Nordsee reiten könne.

„Aber die Liebesgeschichte, die ist doch wahr?", wollen jetzt auch die anderen Mädels wissen, die mit ihrer Lehrerin zum Ausflug nach „Kabeljau-City" gekommen waren.

Der Seemann zieht an seiner Pfeife, schaut sinnend zum Bollwerk, das der Volksmund „Alte Liebe" nennt und erzählt:

Lorenz und Else haben sie geheißen und waren schon in ihrer Kindheit einander sehr zugetan. Traf man Lorenz am Wasser, war Else nicht fern. Mutig raffte sie ihre Röcke und sprang mit dem Spielfreund von Stein zu Stein, hangelte sich heimlich an Strickleitern hoch und versteckte sich mit ihm unter spakigem Segeltuch, wenn die Mütter ihre Kinder zum Essen riefen.

„Es schickt sich nicht, nur mit dem Jungen zu spielen", beschwerte sich Elsens Mutter bei ihrem Mann, aber der lag recht krank danieder und hatte ein weiches Herz, wenn es um sein Töchterchen ging.

„So lass sie nur gewähren, die Kindheit ist kurz", versuchte er zu beschwichtigen.

Lorenz' Vater war schon lange auf See geblieben, und so sorgte sich Lorenz' Mutter um ihr Auskommen, da sie nur diesen einzigen Sohn hatte. Außerdem war sie von zänkischer Natur und mit Elsens Mutter verfeindet.

Als Else zum liebreizenden Weib erblühte, machte Lorenz ihr wie selbstverständlich den Hof. Und ebenso selbstverständlich gab sie ihm ein schlichtes „Ja" zur Antwort, bat jedoch darum, offiziell bei der Mutter um ihre Hand anzuhalten, da der Vater inzwischen verstorben war. Diese verweigerte aber ihr Einver-

ständnis, da sich ihr Hass gegen Lorenz' Mutter durch unwichtige Zankereien noch gesteigert hatte.

„Willst du mich auf dem Totenbett sehen? So nimm ihn!", stellte sie die Tochter vor die Wahl. Auch Lorenz' Mutter blieb hart. „Dein Vater würde sich in seinem kühlen Grabe umdrehen, wenn du mir, deiner Mutter, zuwider handelst. Lass dir Zeit mit dem Freien und schau dich in der Welt um."

„Mein Else, nie werd' ich dich lassen", versprach ihr Lorenz am Abend vor seiner Abreise, denn statt ohnmächtig hier zu warten, wollte er lieber als Seemann gutes Geld verdienen, vielleicht würden die Mütter dann ihren Sinn ändern.

„Ja, mein Lorenz. Ich werde warten und dir derweil die Treue halten. Treue bis in den Tod." „Treue bis in den Tod", wiederholte Lorenz ernst und nahm seine Liebste zum Abschied noch einmal fest in den Arm.

Obwohl er von nun an die Weltmeere bereiste und in vielen Häfen schöne, willige Frauen traf, ging Else ihm nicht einen einzigen Tag aus dem Sinn. Er sah sie im türkisen Wasser der Südsee und auf dem Rücken der Wale im Eismeer, hörte ihre muntere Stimme in den Rufen der jungen Seevögel, und wenn sich die Segel in einer sanften Brise zu weiblichen Rundungen formten, dann klopfte ihm das Herz zum Zerspringen. „Treu bis in den Tod", schmetterte er auch dem Sturmgott entgegen und war stets der Erste, der den Mast hochkletterte, um das Sturmsegel zu setzen.

Auch Else sehnte sich nach dem fernen Geliebten und schlug stolz die Hand aller anderen Bewerber aus. Oft verharrte sie still am Deich und trachtete mit all ihrem Sehnen, in Gedanken den Freund und Liebsten zu erreichen.

Jahr um Jahr verging, und Elses Jugend fing an zu verblühen. Da geriet ihre Mutter in große Sorge, denn die harte Frau kränkelte und lag wenig später schon auf dem Sterbelager, was ihr Herz und Gemüt weicher machte. „So nimm deinen Lorenz

endlich zum Manne, ich willige ein", waren ihre letzten Worte auf dem Totenbett, und da mochte auch Lorenz' Mutter nicht länger kleinlich sein.

Man gab die Nachricht den auslaufenden Schiffen mit, und schon einige Monate später konnten die Liebenden einander in den Armen liegen und die Hochzeit ausrichten. Was war das für ein Glück! Den Winter über verließen sie kaum das Haus und ihr Lager, erzählten sich unter den warmen Seehundfellen im Flüsterton von den in Sehnsucht verbrachten Jahren und dankten dem Schicksal für das späte Glück, das ihnen noch beschieden worden war. So verging der Winter, und mit dem Frühjahr musste Lorenz wieder auslaufen, denn die See gab ihnen ihr Brot.

„Im Herbst bin ich wieder bei dir, Else, treu bis in den Tod", gelobte er aufs Neue. Else selber schaute ihm nur in die Augen und war keines Wortes mehr mächtig, so nagte der Abschiedsschmerz an ihr. Eine dunkle Ahnung keimte in ihrem Busen, aber dazu neigten alle Frauen am Meer, denen so oft schon das Liebste entrissen worden war.

Der Sommer hatte bereits seinen Höhepunkt überschritten, als Else von einer seltsamen Unruhe erfasst wurde. Täglich stand sie auf dem Deich an der selben Stelle, direkt unter dem Leuchtturm, die Augen seewärts gerichtet, versuchte sie, das Schiff von Lorenz zu erspähen. Endlich kam der Tag, für den die Heimkehr spätestens festgesetzt worden war. Schon früh am Tag wehte eine kräftige Brise, die sich bis zu den Abendstunden in einen wilden Nordweststurm verwandelte. Klagend zogen die Sturmmöwen ihre Kreise, trieben Wolkenfetzen am schmutzig grauen Himmel, während das Wasser schäumte und dräuend gegen die Hafenmole drückte. Hoch spritzten die Wellen wie gierige Zungen bis oben an den Leuchtturm, so ein Wetter hatte die Hafenstadt noch nicht erlebt. Doch Else wich nicht, hielt dem Sturm mit innerer Kraft

stand und sah endlich, wie ein Schiff mit knatternden Segeln durch die Wogen pflügte, wieder in einem der Wellentäler verschwand, um dann mit einem Kamm in eine schwindelerregende Höhe empor zu schießen. Am Bug stand einsam eine Gestalt, die mit einem weißen Tuche winkte, ihr Lorenz war's und kein anderer! Sehnsüchtig streckte sie die Hände nach ihm aus, da rollte von See eine riesige Woge brüllend heran, schlug über dem Schiff zusammen und riss ihren Liebsten mit sich in die Tiefe. Einmal noch tauchte er auf und kämpfte vergeblich gegen die Wellen, dann war es vorbei.

Else zögerte nicht einen Atemzug lang. „Treu bis in den Tod! Mein Lorenz, jetzt folge ich dir." Sprach's und sprang in die schäumende, wilde See, die auch sie verschlang.

Zur Stunde, da Else die Erscheinung ihres Liebsten gesehen hatte, war sein Schiff in der Tat im Sturm bei Helgoland gesunken. Doch ganz sicher wurden die Liebenden im Tod vereint. Zum Gedenken an den Ort, an dem Else sich ihrer Liebe opferte, um getreu bis in den Tod zu sein, nannte man diesen Platz fortan die „Alte Liebe".

Manche berichten auch von einem stolzen Schiff, das den Namen „Oliva" trug, was nichts anderes als „Ole Liebe" bedeutet, und dass an dieser Stelle gesunken sei. Wie auch immer, das Meer hat seine Toten nicht mehr hergegeben ...

Wie der Teufel zum Fährmann wurde

Gehört habe ich diese Geschichte persönlich in der Hafenkneipe eines fernen Landes. Von einem, der sie von seinem Urgroßvater vernommen hatte. Nein, es sei kein Seemannsgarn, und wenn ich jemals an die Elbe käme und von einer Seite zur anderen überwechseln müsse, dann solle ich mir den Fährmann ganz genau anschauen und dabei Vorsicht walten lassen ...

Ein Kapitän hatte durch widrige Umstände sein Schiff samt der Ladung verloren, vielleicht, weil ein Klabautermann es verlassen hatte, und die Mannschaft ob dieses Umstands im nächsten Hafen abmusterte. Nun reichte sein Geld noch nicht mal für einen morschen Kahn, geschweige denn für eine neue Ladung. Als der Mann gerade über einem letzten steifen Grog ernsthaft überlegte, ob es nicht besser sei, sich einen Strick zu nehmen, um nicht als Landratte sein weiteres Leben fristen zu müssen, da setzte sich ein feiner Herr zu ihm an den Tisch.

„Was schaut Ihr so sorgenvoll?", eröffnete dieser alsbald das Gespräch und bestellte fürsorglich eine neue Karaffe Rum. Dann lehnte er sich mit verschränkten Armen zurück und schlug die Beine übereinander. Dem Kapitän war sofort klar, dass es sich um den Teufel persönlich handelte, weil nämlich aus dem Beinkleid ein Bockshuf ragte, aber es scherte ihn wenig, hatte er doch nichts mehr zu verlieren.

„Ich weiß wohl, wer Ihr seid, Fürst der Finsternis", meinte er trübsinnig. „aber es ist zu spät, für mich könnt Ihr nichts mehr tun."

Der Herr strich sich über seinen Ziegenbart und klirrte mit den Ringen an seinen Fingern.

„Ich tätigte heute ein gutes Geschäft mit unschuldigen Seelen, da bin ich in Spendierlaune und möchte zu Euch großzügig sein. Hört mein Angebot: Ihr bekommt von mir ein schönes,

neues Schiff, seefest und schnell wie der Wind, wie es noch keiner auf den sieben Weltmeeren sah."

Dem Kapitän war mulmig bei dem Gedanken, ein Angebot des Teufels anzunehmen, aber hatte er eine Wahl? „So nennt mir Euren Preis, und ich werde darüber nachdenken."

„Nichts leichter als das. Wenn Ihr einst wieder elbaufwärts fahrt, dann stellt mir eine Aufgabe, gebt mir etwas zu tun, das mir auszurichten unmöglich ist. Gelingt es Euch, dann könnt Ihr das Schiff für immer behalten."

Das hört sich nicht allzu schwierig an, dachte der Kapitän bei sich, und schlug in seiner Not in die dargebotene Hand ein.

In der Tat lag das neue Schiff bereits im Hafen, die Segel riefen danach, gesetzt zu werden, und eine frische Brise blies alle argen Gedanken aus des Kapitäns Hirn. Ladung und Mannschaft waren schnell gefunden, und zu seiner großen Freude heuerte sein eigener Sohn als Steuermann bei ihm an.

„Vater, wie ist es geschehen, dass Ihr zu diesem stolzen Schiff gekommen seid?", wollte der wissen, als sie ausgelaufen waren.

„Geh ans Ruder und halte den Kurs", lenkte der Kapitän ihn ab. Die Reise verlief schneller als vorgesehen, und als die Ladung vorteilhaft gelöscht war, fing der Sohn von neuem an, ihn mit Fragen zu quälen.

„Vater, wie ist es geschehen, dass Ihr zu diesem wundersamen Schiff gekommen seid?"

Aber erst, als sie wieder vor der Elbmündung lagen, fasste sich der Kapitän ein Herz und beichtete dem Sohn voller Gram von seinem Pakt mit dem Teufel.

„So steht es also zwischen mir und dem Bösen, und da es keine Aufgabe gibt, die er nicht lösen könnte, wird er mir das Schiff wieder nehmen, und das kurze Glück ist vorbei."

Jener Steuermann aber, der Sohn, war mutigen Herzens und sehr gewitzt. Mit dem Teufel wollte er es schon immer einmal aufnehmen. So sprach er zum Vater: „Geht Ihr nur unbesorgt

in Eure Kajüte, ich will es wohl für Euch richten und mit dem Teufel verhandeln." Der Kapitän war froh, sein Schicksal und das des Schiffes in die Hände des Jüngeren legen zu können und begab sich unter Deck.

Als nun die Flut mit Macht hereinkam, und der Wind scharf wehte, da ließ der Junge alle Segel setzen, und das Schiff flog fast wie ein Blitz in die Elbe. Wenig später hatte man Cuxhaven erreicht, und der Teufel kam wie abgesprochen an Bord.

„Wo ist der Kapitän, mit dem ich einen Handel schloss?", fragte er grollend.

„Ihr müsst schon mit mir vorlieb nehmen", antwortete der Steuermann höhnisch. „Was ist Euer Begehr?"

Da lachte der Teufel, dass sich die Masten bogen. „Ihr seid noch grün hinter den Ohren, aber so sei es. Stellt mir nun eine Aufgabe."

Der Junge befahl den Matrosen, das große, schwere Ankertau herabzulassen, das flugs von der Welle flog.

„Seht Ihr das dicke Tau dort? Greift zu und haltet das Schiff in seinem Laufe auf. Gelingt Euch das, gehört Euch das Schiff und unser aller Seelen noch dazu."

Das spornte den Teufel zusätzlich an, und so ergriff er das Tau und hielt es mit aller Macht fest.

„Nichts leichter als das", rief er triumphierend gegen den Wind, aber dabei standen ihm die Schweißperlen im Gesicht und die schwefelgelben Augäpfel traten schier aus den Höhlen vor Anstrengung.

Das Schiff nahm mehr und mehr Fahrt auf, die Wellen zeigten Schaumkronen, und der Wind entwickelte sich zu einem heftigen Sturm, der sie vorwärts trieb.

„Na, lässt Eure finstere Kraft schon nach?", höhnte der Steuermann, um den Teufel aufs Blut zu reizen.

Als dieser sich verbissen mit aller Kraft gegen das Tau stemmte, passierte es, was der Junge geplant: Der Teufel ward durch das Loch, durch welches das Tau ging, mit hindurchge-

zogen und flog mit einem hässlichen Fluch auf den Lippen in hohem Bogen weit ins Wasser hinaus.

So war seine Macht gebrochen, da er die gestellte Aufgabe nicht hatte lösen können. Der Sohn rief den Vater und die Mannschaft herbei, und als der Wind sich gelegt hatte, verrichteten sie gemeinsam ein Dankesgebet. Das Schiff blieb in den Händen seiner Eigner, die es im Laufe der Jahre zu angemessenem Wohlstand brachten.

Was aus dem Teufel wurde, wollt ihr wissen? Der lebt noch immer in der Elbe und muss für alle Zeiten darin bleiben. Die himmlischen Mächte haben ihn zum Fährmann verdammt. Wenn es so richtig stürmt, und man genau auf die Kämme der Wogen achtet, dann mag man ihn wohl sehen. Wer bei solchem Wetter den Strom überqueren will, der rufe nur „Fährmann, hol über!" Dann soll der Teufel kommen und einen über den breiten Strom persönlich hinübertragen, ohne dass man nasse Füße bekäme. Ein Fährgeld darf er dafür nicht nehmen. Es heißt, er sei gut beschäftigt und müsse für immer hin und her waten.

Literatur

Sagen über die Geschehnisse des alltäglichen Lebens, wie sie in diesem Band erzählt werden, sind Volkssagen; sie haben ihren Ursprung in mündlichen Überlieferungen, in denen manchmal unerklärliche oder schreckliche Ereignisse mit Hilfe von mystischen Wesen verständlich oder erträglich wurden. Im 19. Jahrhundert haben Germanisten und Volkskundler Volkssagen zusammengetragen und schriftlich festgehalten. Diese Sammlungen sind wertvolle Quellen, denn sie waren den alten, mündlich tradierten Erzählungen ja zeitlich sehr nahe. Auch neue Sammlungen greifen auf diesen Fundus zurück.

Einige Sammlungen regionaler Sagen sind unten aufgelistet. Der interessierte Leser findet die Sagen dort in ihrer ursprünglichen, meist kurzen Form: Quelle auch für die sagenhaften Geschichten dieses Buches und wahre Fundgrube für alle Sagenfreunde.

Bechstein, Ludwig
Deutsches Sagenbuch
Leipzig, 1853

Benecke, Otto
Hamburgische Geschichten und Sagen
Hamburg 1854

Diederichs, Ulf / Hinze, Christa
Sagen aus Niedersachsen
München 1977

Grimm, Jacob/Grimm, Wilhelm
Deutsche Sagen
Berlin, 3. Auflage 1891

Paulsen, Astrid/Looft-Gaude, Ulrike
Die schwarzen Führer. Hamburg – Schleswig-Holstein
Freiburg 1998

Peuckert, Will-Erich
Deutsche Sagen. Bd. 1: Niederdeutschland.
Berlin 1961

Petschel, Günter
Volkssagen aus Niedersachsen
Husum 1979

Schacht, August
Hansische Sagen
Hamburg 1894

Schambach, Georg/Müller, Wilhelm
Niedersächsische Sagen und Märchen
Göttingen 1854

Uther, Hans-Jörg (Hg)
Deutscher Sagenschatz
Kreuzlingen/München 2000

Wohltmann, Hans
Sagen aus dem Lande zwischen Niederelbe und Niederweser
2 Bände
Stade 1959 und 1963

Ortsregister

Die Sagenreihe aus dem Prolibris Verlag

Bisher erschienen:

Burckhard Garbe
**Die schönsten Sagen
Region Kassel**
ISBN 3-935263-08-2

Burckhard Garbe
**Die schönsten Sagen
zwischen Harz und Weser**
ISBN 3-935263-10-4

Marion Kortsteger
**Die schönsten Sagen
aus dem Münsterland**
ISBN 3-935263-12-0

Nessa Altura
**Die schönsten Sagen
Region Nürnberg und Mittelfranken**
ISBN 3-935263-13-9

www.prolibris-verlag.de

Weitere Bücher aus dem Prolibris Verlag

Antje Friedrichs
Letzte Lesung Langeoog
Langeoog Krimi
Paperback, 180 Seiten
ISBN 3-935263-00-7

Der Langeoog Krimi
Auf Langeoog geschehen Dinge, die auf der „Insel fürs Leben"
einfach nicht passieren dürfen: Bombenalarm beim Dünensin-
gen, ein Erpresser droht, das Ostfriesenmüsli zu vergiften, aus
einer Dusche am Strand fließt plötzlich Blut ... Schon reisen Gäste übereilt ab. Kriminalhauptkommissar Onno Tjaden aus Witt-
mund soll vor Ort die Vorfälle aufklären und die Idylle wieder
in Ordnung bringen. Schon bald nach seiner Ankunft gibt es
einen Toten. Undenkbar: Mord auf Langeoog! Dann verschwin-
det jemand spurlos. Sind alle Feriengäste harmlos?
Ein ganzer Reigen skurriler Figuren begegnet uns vor der detail-
getreu gezeichneten Kulisse Langeoogs: ein tollkühner Schwim-
mer, eine glatzköpfige Kellnerin, ein herzensbrechender Lite-
raturpapst ... Ob sie mit Baskenmütze oder rosa Leinenhütchen
über den Strand laufen, in Leggings oder Jogginganzug durch
die Dünen radeln, Verdächtige unter den Gästen und sogar
unter den Langeoogern gibt es genug. Der sympathische Haupt-
kommissar Tjaden stürzt sich in die Ermittlungen ...

Die Autorin
Antje Friedrichs (*1944) wuchs im Norden auf und lebt heute
in Paderborn. Unter ihrem Ehenamen schreibt die Autorin
Kurzgeschichten und Sachbücher. 1998 gehörte sie zu den Preis-
trägern beim Würth Literaturpreis.